私の治療的面接の世界とスーパーバイズ

MY THERAPEUTIC INTERVIEW WORLD AND SUPERVISE

As new anthropology

新人間学として

増井武士［編著］

創元社

はじめに

本書は第Ⅰ部と第Ⅱ部に分かれています。

第Ⅰ部では、すべての治療理論をカッコにくくり、「来談者ないしは患者さんが、副作用が少なく、かつ出来るだけ早期によくなる方法とは如何なるものか?」についての私なりの治療的面接の世界について詳しく述べています。

そこでは、患者さんの、「良くなりたい」という自己援助的な内省やその能力の育成方法とその結果などを示しながら、時には良くなることについての考察をも加えています。また特に、面接場面以外に患者さんと会ってはいけないというような従来の考えと異なる実態などに触れています。

また、良くなるために患者さん自身の自己理解や洞察が必要であるというやや常識的意見は事実と異なり、特別な自己理解もなく良くなる方が私の臨床では大半であり、また深い洞察が治療的に弊害となり、それが時には絶望の世界に誘うことなどを、事例で示しています。

第Ⅱ部はスーパーバイジーの体験記、私のスーパーバイズを受けて感じたことなどを自由に書いてもらったものです。


本書の特徴は、治療者と患者さんを対等な一人の人間として認め、治療者は患者さんにとり一人の人間として誠実で透明性のある人間として在ることです。

それ故に、患者さんに問われたら素直に自己自身を語り、それが基本的に当然の要件であり、従来の自己開示という概念があること自体が不自然と思われます。

また、事実として面接に在ることは患者さんと治療者の主観とその相互的な感じ合いから産まれる相互作用であり、その視点から、いわゆる科学的とか客観的とか中立的ということはありえません。

また、私の臨床研究歴に触れ、どうしてこのような治療的面接方法に行き着いたかを述べ、治療関係は極めて日常的な世界の延長線上にあることの重要性などにも触れます。

目次

第4章 治療的面接方法の実際……31

第Ⅰ部

私の治療的面接の世界——新人間学として

増井武士

第1章　事実学としての治療的面接

1　面接における事実

「観念や主義や理論はあらゆるものが自由です」

私が神田橋條治先生とのスーパーバイズの面接で少し、ハッとしたのは、初回辺りで聞いたこの言葉でした。

そして、先生は次のように述べられました。

「しかし、その主義や主張や理論が事実に裏付けされていない場合は、独論となります。我々の精神療法の世界では、事実、という明らかな裏付けがあるほど、権威ある理論となります。だから、いろいろな理論や考えのもとで展開された、患者さんの内的事実を比較検討することは、やや生産的な作業です」

よく考えると、私の治療的な面接は、この自由な発想とそこに起きる患者さんの体験的な事実との擦り合わせから始まり、その事実から学び、再び発想し直し、またその事実と付き合わせるという作業の連続でした。そして今は、少しずつ両者の和合に至りつつあることを実感しています。

後に示しますが、私の治療的な面接とは、当然、患者さんにとって治療的であるという「事実」で、一方的に治療者が理論的に考えた概念やその寄せ集めで行われた面接ではありません。

また、この方法では人間に起きる内省を大別して、自己援助的、中立的、自己非援助的内省におおまかに分けています。援助的とは、自分にもそんな長所があるのだというような、自分を援助する作用のある内省です。中立的とは、何となくボーとしたり散歩したりするような、どちらとも言えない内省で、非援助的内省とは、こんな自分なんか無くなってしまいたいというような自分にとり援助的でない内省であります。

よくスーパーバイジーから、「今週はこの理論の研修会で、来週末から別の理論の研修会で、私の頭がいっぱいになって、私はいつ本格的な治療者になれるのか、訳が分からなくなります」という話を聞きます。そんな時私は、「仮に、あなたが患者さんだったとして…」と前置きして、「当たり前のことを聞きますが、面接を受ける立場のあなたは、治療者についてどんな希望をもちますか？」と尋ねます。すると、まるで何を答えてよいか分からない様子でスーパーバイジーはポカーンとします。暫くして、答えが返ってきます。

「私なら、この人、どんな先生かな？　いい人ならいいけど…とたぶん思いますけど」

「おそらく多くの患者さんは、そうでしょうね…そして、今あなたは、いい先生ならと言いましたが、それは具体的にどんな先生ですか？」

「それは、私をありのまま、正確にやさしく理解してくれる先生でしょう」

「うん、それから、あなたが先生に何か訊きたくなったら、その先生はどうあってほしいと思いますか？」

「う～ん、やっぱり素直に思っていることを答えてくれたら、嬉しいと思います」

「そらごらんなさい。あなたの実践的な治療的面接論を持っているではないですか。ありのまま、きちんと理解して患者さんの問いかけには素直に答えるという、立派な治療理論ですね。

あまり人の理論を勉強して自分の面接と無理やり関係づけるよりも、もっと自分の頭と感覚で考えて、素朴でもその方法に従って、その考えのまま明日から面接してみてごらんなさい。多分、その方が、あなたの身につく方法となるでしょう。そして素朴な面接を続けてみて次のスーパーバイズに来てください。

もしあなたの素朴な面接で悪い結果が続くなら、私のバイズをやめて、もっと難しい理論を教えるスーパーバイザーを探されたら良いと思います。

きょうもこの辺で、頭が混乱しないうちに終わりますね」


実は若い頃私は、目の前にいる患者さんのいろいろな思いを棚上げに近い形にして、難しい理論や珍しい方法に熱中してしまい、「それはないでしょう」という患者さんからの心の声がはっきり聴こえ出すのに、約八年かかりました。その間、しっぺ返しのように患者さんからホッペを叩かれ心痛めるような思いを、どれほど繰り返したことか…振り返ると何とも言いようのない感慨に耽ってしまいます。


もし、人から最も理想的な治療的面接とはどんなものですか？　と訊かれたら、私は「きょうも先生と話し合えて楽しかったし、何となく気分がいい」と面接が終った後、足も軽やかに帰って行くような面接ではないだろうかと思います。

事実、今多くの患者さん達はそうした姿を見せてくれます。

私が長年追い求めてきた治療的面接とは、副作用がなく、患者さんが楽しめて、可能な限り早く良くなる面接です。

ここでは、そのような治療的面接について述べたいと思います。このような面接についてできるだけ偏見の念を少し横に置き、素直に読んでもらえたら、明日の面接に少しは役に立てるような気がします。

そして何より、患者さんに喜んでもらえるような気がしています。

今から述べようとする面接論は理論でなくて、事実です。私は臨床を考える時、患者さんと治療者がその場で思うこと、起きること、その事実が最高の権威で、決め手である、という考え方が、患者さんのために役立つ面接になるといつも考えるようになりました。

ですから、本書では様々な治療的面接についての私の思いと患者さんの思いを対にして示すようにしています。

私は私の考え、と言いたくないのです。私は患者さんを目の前にするならば、考えというより私の思いと述べた方が何となくふさわしいのです。「思い」は言葉を支える根っこだからです。

また、面接の場での目の前の患者さんに対する様々な思いは、こうだからああだという理屈より、素直に言えば、何となくそう思うとか、何となくこう思うとか、「何となく」患者さんとの間に行き来する、二人の間の大切な雰囲気を醸し出すようなものなのです。

それで、私の面接はこの何となくという「生きもの」をとても大事にします。ですから、この何となくの特別な一つと言える直感は、最高に近い治療者の知恵の一つとして、それを大切にすることも本書では示しています。

皆さんの中には、「そんな主観的な感じを当てにしていると、ろくなことはない」と思う人もいると思います。

すが、自分が自分の感覚を信じないと、その信じないという私自身の有り様が患者さんに伝わり、結果的に治療者が苦労するかもしれません。患者さんを何か小手先のきく相手であるかのように、まあ何とかしているうちに良くなるだろう、と考えるのは、一つの現実ではあると思います。しかし、いつかはそのいい加減な考えは行きづまります。

実際に信じられる事実とは、患者さんの内面から生じた言葉などを聴いて、治療者であるあなたの中に生まれてくる内的事実です。

その事実を信じることなく、それをある理論に翻訳して対応することは、自分の事実とかけ離れた事実の中で患者さんの内省が深まることになり、手の届かないところで、悪循環を起こしかねません。

例えば第２章で述べる私の精神分析的な面接での自殺未遂がよい例です。

如何なる理論にも翻訳せずに、ありのままに理解することは、治療的面接の基本中の基本であると私は思います。

治療者の中で発生する、直感を信じると述べましたが、実際に、経験の浅い治療者の直感を聞いてみてください。非常に適切に場を捉えています。

ここでは、そのような思いに至った経路とそのような思いの数々を具体的な事例を挙げながら述べていきたいと思います。

今から述べる治療面接は、可能な限り副作用がなく、早期に症状が低下する私なりの経験に基づいた方法です。

患者さんに言わせれば、「安心して面接を受けているうちに、途中に嫌な気持ちも起こらず、知らず知らずの間に良くなっていた」というような方法だと思えます。

私の方法を一応の理論にするならその目的は自己感覚の活性化とも言えますが、ここで誤解のないように述べたいのは、そのような目的が最初にあってこの方法が形作られたものでは決してない、ということです。私の方法は何となくこうしたら良いだろうというような方法で、してみたら患者さんに良かったという事実があり、そのような方法の先に見えてきたことを要約すると、自己感覚の活性化とでも言える、ということなのです。

いろいろな方法が先にあり、結果的に自己感覚を活性化することとなるらしいぐらいのことで、これはあくまで、理論好きの方に分かりやすく目的を述べたぐらいに理解してもらえれば、と思います。

結局、この方法が進めば私自身という意識が自然とはっきりしてくるので、患者さんと相互的に自己感覚の活性化ないし強化とも言える変化が起こってくる、というように理解してもらうと実態に合うということです。

この自己感覚の活性化という臨床的な事実を簡単に述べれば、患者さんが少しでも元気になることというふうに理解してもらうのが、一番分かりやすく、大切な要件と思います。

この方法は雰囲気や互いの思いを大事にしますが、理論、理屈を嫌います。

2　精神療法家としての私の求められている状況について

「副作用なく可能な限り早く良くなる方法」と、私が再三述べるのに、違和感をもつ方もあると思いますので、是非とも示しておかねばならないことは、精神療法家として求められてきた私の治療的環境です。

もともと私は本格的な精神療法家になりたいが故に他の文系の立派な大学からオファーを受けていたにもかかわらず心理臨床の場が多い産業医科大学の医学部に職を求め、附属病院の精神科の正式な並任教官として、精神科のポリクリ（病院実習）を金曜日の午後の精神療法外来で必須科目として教える立場になりました。

これだけなら形式的な問題です。

しかし、実際精神療法外来を開くとたちまちに他の研修医や九州大学の大学院生の手助けが必要なくらい、外来の患者さんが増えていきました。

女医の大隈先生と一緒に外来を担当しましたが、面接室が満杯で、待ち合い室をパーテーションで区切り面接をするような有り様でした。

外来の看護師主任の方からは「先生、今日の午後だけで何人の患者さんが受付されたかご存じですか？」と言われるくらいの多さでした。スタッフも自発的に助力してくれた研修医やプレイセラピストとして他大学から協力するために来られた方を含めて一五名ほどいました。

私にとって多忙ではありましたが、生き生きしてとても充実した時間でした。そして、噂が噂を呼び患者さんは増える一方でした。

治療を急ぎ焦ることは治療的に有害ですが、治療的達成をより確実にして、患者さんが自己援助的な内省ができるように治療者が努力して追求することは当然です。現在そのような状況にある心理臨床家は学生相談を除けば非常に少ないと思います。

時には五分間の面接でも、患者さんが満足できる言葉かけはできるのです。面接は時間の長さよりも時間の質が重要になってきます。故に、限られた時間内に、患者さんの自己援助的な内省の質を如何に高めるかが問題となります。それも治療者があまり疲れずに、何の準備も必要でなく、その時の両者の心を大事にして、患者さんが納得して帰れる面接の志向です。そして、その志向は、無限に変転する我が心の活用と無限に変転する患者さんの心の活用と両者の関係の活用でした。

即ち、私の中に浮かぶ患者さんの自己援助的な内省を深めることと患者さんの良くなりたい気持ちとの共同作業として面接をすることです。

それらは特別に用意されていたものでなく、その場で自然と自ら出てくるもので、神田橋先生のコメントによると

「…結果として、彼の内に開発され蓄積された技法や認識は、膨大なものとなり、その多くは、常々は意識下に留まり、必要に応じて、フラッシュバック様に発現するマグマの性質を帯び、体系化を拒否する。それを敢えて言語化するなら、『本物の自分を治療技法とする』となろう。そうした質の『技法』は、師弟の対話の、その時とその場で意識されたもの、を伝えるだけである。」（増井、二〇一九ａ）

と、見事に私の心中を示してくれています。

第4章で治療面接の方法として述べる要件を、皆さんが患者さんの立場になって見てみてください。これ以上はないと思えるほど、患者さんのサポートや自己援助的な内省を高める方法で埋め尽くされています。

また、治療的な達成には多少とも、少し辛い自己非援助的な内省が必要であるという発想には私は賛同できません。

その非援助的な内省はすぐに自動発生的に増幅して、気がついた時は、どうしようもない状態になりかねないからです。このことについては、第2章で精神分析的な私のケースとして述べます。臨床における僅かなマイナスの隙間も造らない、というのが私なりの強い方針なのです。

3　医学者の世界を見て教えられたこと

私は本当に患者さんの役に立ち、副作用が少なくて治療期間も短い方法を探索すべきだと、医学部の教官となり附属病院で精神療法を行っていて、痛感することが多々ありました。

精神療法外来の患者さんは増え続けて、私はそのような方法を求めないと、外来に来る患者さん達への責任は全うされない状況になりました。正確には、そのような方法にならざるをえなかったと言えると思います。

精神療法外来の予約者は、いつも二ヶ月先まで埋まっていました。またM化学工場の保健室や手伝いに行っていた精神科の病院でも同じような状態でした。

このような状況に充分に対応できるような治療方法が必要とされていたのです。無論、私の仕事の手伝いに三〜四人の治療者の援助もありましたが…。

私が勤めていた大学附属病院では、外科であれ何科であれ、沢山の外来患者さんを診ながら、今より少しでも早く副作用なく良くなる方法を、自分の自由な時間を削るようにして臨床各科の医師達は真剣に求めていました。

それも、日夜を問わず研究に臨床に打ち込んでいる姿を見るにつけ、私もそのような道を自然に求めるようになったと思います。

これは、何も治療面接を早くしろ、という意見ではありません。ただ全ての患者さんが熱望していることは事実です。

できたら痛い手術を避けて、尚かつ早く元気になりたいことは、患者さんにとっては極めて切実な願いであり重要なことなのです。

それ故、患者さんの「良くなる」ということを、私なりにどう考えてきたかを示す必要があります。

4　いわゆる「良くなる」ということとは？

「良くなる」ということ

かつて私は、良くなることについての理論を、神田橋（一九八八）の論考に基づき、理論モデルとサービスモデルに大別できるとしました（増井、一九九九ｂ）。

理論モデルとは、例えば血液検査のように、あるレベルを正常値として、その値以上ないし以下を異常値とするような理論的発想です。

例えば、患者さんは自分の問題に対して気づきや洞察があるのか？　または常に現実に直面しているか？とか自分の体験と言葉が自己一致しているか？　などが良くなることの指標となります。

この場合、良くなることは、大体、治療者の判断に委ねられています。

また、別の枠組みとしてサービスモデルがあります。サービスモデルとは、患者さんがある状態Ａからある状態Ｂになった時にＡよりＢが好ましいとする時、ＢはＡより良くなったこととするというものです。

そこでは良くなるという判断は全て患者さんに委ねられています。

この二つのモデルで「良くなること」は異なる場合もあります。例えば、患者さんが一見無駄話のようなファッションの話や映画の話ばかりをする時、理論モデルでは、治療的には抵抗とみなされるかもしれません。

しかし、患者さんがそれを楽しみ、結果的に面接の前より少しマシな状態であると言うのなら、この無駄に思えるような話は治療的な作業とみなされます。

このような事実は私の面接では実にたくさんあります。それ故に無駄話の時間を意図的に作る場合さえあります。

つまり、双方の理論が一致する場合もあるし逆転する場合もあります。

例えば、嘘をつくとは理論モデルでは明らかに治療的には抵抗とみなされるかもしれませんが、サービスモデルで、「この世の中は外見や形だけの嘘やおべっかでできているので、正直に話さずうわべを作る練習をしよう」という提案を受け入れた対人恐怖症の方がその練習をした結果、社会生活が楽になったなら、サービスモデルでは治療的な機能を持った意味ある営みとなります。

神田橋（一九八八）に示された「『自閉』の利用」などの方法はサービスモデルに徹底しないとその理解ができず、それ故、実践が困難な方法と言えます。

私はこのモデルの差を極端に示すケースカンファレンスにたまたま出会ったので、話を分かり易くするために、それを述べます。

理論モデルとサービスモデルとの対立——あるケースカンファレンスについて

私がたまたま招待された症例研究会で、ある大学院生が受け持っているケースを報告した時のことです。治療者が偶然に街でそのクライアントと出会い、「少しお話しませんか？」と誘われ、「それならそこら辺りの喫茶店でも」と言ってそこへ行き、クライアントの失恋の話が出て、治療者はそんな体験がないかと訊かれたので、自分の失恋話をして互いに笑い合い、その後の治療的な関係は良好であったというケースでした。

明らかに治療者の失恋話がクライアントの心を緩ませ、治療者に話しやすい気持ちが出てきて、治療者もその雰囲気に溶け込み、和やかな治療面接が進行しているのがどんな初心者でも分かるような面接でした。

そこで驚いたことに、ある先生から、

「どうしてそのクライアントと出会うのを避けなかったか？　途中で道を変えるなり、無視して通り過ぎなかったか？　そのような事は治療者の中立性と客観性に欠けるし、治療者としての倫理違反ではないか」

というお叱りがありました。私はたまらず、

「クライアントとの治療的事実を見てください。この治療者のそのような行為の後は、ずっと安定した良いプロセスを辿っているではありませんか」

と述べると、その先生は、

「先生もそんなふうに言われるのですか？　倫理違反をしてまで良くする必要はありません。失礼ですが、そんなやわな指導をするとしっかりとした治療者は育ちません」

ということでした。

まるで体育の訓練のようなセリフに、私は呆れ果てたので、

「余計なことかもしれませんが、ここの大学院生は、自分自身でクライアントの事実をしっかり見つめ、何が大切かをじっくり考えてください。それが私の一人の治療者としてのお願いです」

と述べて研修会を終えました。

後日談ですが、その先生は、一回もケース報告したことがなかったのです。それ以上は紙面に示せません。

しかし、こうした類いのカンファレンスは、どの大学でも多少ある悲しい現状があるような気もするのです。

私の臨床経験で、患者さんの要望で、私の趣味のヨットに乗せたこともありましたが、治療的に作用しなかったことは一度もありませんでした。

また、私は以前に日本心理臨床学会の常任理事と倫理委員長をしていましたが、そのような倫理綱領があったかどうか、分かりません。

もしあったとすれば、事実無根です。また、治療者の基本的人権として、憲法にも触れる綱領なので、是非、再検討される必要がある重要な課題と思います。

私は理論モデルから入り、その弊害を痛いほど体験して、徹底的なサービスモデルに立脚した治療面接方法を取っています。

第2章　私の辿ってきた治療的面接の道のり

1　最初に胸に焼きついたのはC・R・ロジャースでした

私が本格的に心理療法の原本の和訳を読んだのは、大学の三年の時でした。C・R・ロジャースの研究と臨床を行っている村山正治先生などのチームが主催する二泊三日の研究会に、当時、真宗学を教えていた叔父やその友人の方に誘われ参加したのが始まりです。その研修会で、ロジャースの理論や事例を纏めた数冊のレジメをもらいました。私はそのレジメを読み、痛烈に興味を持ち、周りはエンカウンターグループを作っていても私は参加せず、一人窓際にもたれてそのレジメに読み耽りました。ロジャースの理論から言えば、そんな私の行為は当然肯定されるはずと思ったからです。思った通り誰も何も言わず、ただ「あなたは自由人だ」と言われ、私は自由人というあだ名をつけられました。

経験的事実は最高の権威です。

私は少し前まで、ある研究所の講師として、よく招かれました。そのセンターの事務所に、C・R・ロジャースの「経験こそ私にとり最高の権威である」と書かれているサイン入りの額があります。私にとり臨床的な事実、即ち私が感じ患者さんが感じる体験ほど、最高の権威はないのです。まず、私はこの生の心のやりとりを、治療的面接の基盤として直感的に胸に焼きつけました。だから、第4章で述べる私の初めてのケースは、相手方の気持ちを良く理解して、相手方に聞かれた事柄については誠実に伝えるという、ごくごく基本的な考えで患者さんは良くなられていきました。そして、私が立ち戻る原点はここであったような気がします。

治療関係での患者さんの話から取って付けたような患者さんの生活歴などをもとにした物語（ラテラル）は、話を面白くする上では意味がありますが、多くの患者さんはとにかく治療者との関係において、自らの症状を何とか早く軽くしたいと熱望しているのが実態でしょう。患者さんはこの難しい物語など聞きたくないことでしょう。

2　臨床の場での視覚的イメージの研究――イメージ・ドラマ法の形成に向けて

第二次世界対戦後、戦場で多発した機能的に目が見えなくなるような戦争神経症に対して、催眠療法がとても短期に回復する方法であったことなどに、最初私は惹かれました。

人が弛緩した時や軽催眠状態で視覚的に浮かぶイメージ（正確にはイマージャリー）で、「私」という刺激語に目や口がないイメージの反応をしたとします。そして、「私」についてイメージすることは、「私」について認識する自己を観察すると考えたのです。

即ち、口や目のない私というイメージは治療に直に役立つと考えたのです。

例えば、ある面接でのことです。患者さんに自己イメージを浮かべてもらい歩き出すと暗示すると、山道や田んぼ道を歩き出します。そしてその途中で母の後ろ姿を見て声をかけ、こちらを振り返ると鬼ばばのような顔をしていて、山奥の古池から何か出てくると言ったあとで、頭に斧を受けた自分の姿が出て来たりします。そして治療者はそれを聞きながら、患者さんが多様な治療的体験や自己理解をしているだろうと思います。そして患者さんの覚醒後の感想は、「あれっ、おかしいな…母さんが鬼ばばのように見えて……」という訳で、夢見と似てイメージ場面が深いほど現実認識が追いつかないのです。

今から考えると、それ自体がイメージ体験の特徴で、現実認識と乖離《カイリ》する故にイメージ体験があると考えられているのですが、当時は少し肩透かしを受けた感じでした。

私というイメージが浮かぶと、そのイメージが自然に動き出し、風景や途中で出会う人が出てきて、それはドラマのようでもあり、「イメージ・ドラマ法」として臨床研究発表をしていました（増井、一九七九）。

しかし、方法として完成すればするほど先が見えにくくなってきたことと、イメージという心身がリラックスした特殊な状態であるため、対話による精神療法との乖離が起こり、その面接論に普遍性が欠けることなどを感じました。

フロイトが臨床催眠から自由連想法になぜ変わったのか、調べていませんが、案外そこら辺りでないか？と思ったりします。

また、イメージの展開ほど症状の変転がなく、イメージの話としては面白くても、患者さんへのプラスの要因に限界があるようなので、その研究に限界を感じ普通の対話精神療法に研究の舵を切ろうと考えかけました。

しかし、表現メディアとしてのイメージは多義性や生命性、創造性などの特色を持ち、患者さんの話の底辺を聴く方法として、イメージはとても良い方法です。例えば、あなたの話を聞いていると何か「がっちりと途方もなく大きな岩」を感じますとか、イメージで話を聴くことは患者さんにとり、いろいろな意味があったことは頻繁にあります。

また、イメージ対話法として、イメージ・ドラマの中で登場する、いろいろな非現実的なイメージとして例えば、患者さんの中に「妙な老婆」が出てきたら、治療者がその老婆の役になり、

「今から、私がその老婆の役になりますから、何でもいいので、あなたの気持ちをこの私に話しかけてみてください」

と言うと、患者さんは

「お前はいったい何者だ？」

「あなたは、私が何者か、知りたいのですね」

「そうだ。そのような変な醜い姿をした人間はいったい何者なのだ？」

「あなたは私が何者かを知りたいのですね」

というふうに話しかけていくと、老婆が母親の姿に変わったりしていきます。

患者さんの内にある母親のイメージと距離を置いて対話が安心してできます。このように自己理解が深まりやすいのです（増井、一九七九）。

その語りかけなどをヒントに、患者さんが安心して自己理解を深める方法を私なりに考えました。そのやり

方はいろいろですが、分かりやすいものを紹介します。

いろいろな問題を抱えている自分が椅子に座っているとします。そこからすり抜けたような感じで適当な距離をとって、その位置から元の問題を抱えて座っている自分に、本人が頷くような「声かけ」をしてみるのです。例えば、「苦しいね」「困ってどうしようもないね」「よく耐えているね」などと声をかけ、座っている本人が「うん、うん」と頷けば、良しとします。

この作業こそ、我々のいう自己理解であり、私のいう援助的自己理解とか自己共感と言えます（増井、一九九六）。

3　精神分析的な治療的面接――洞察は時として絶望に通じる

最初、精神療法は洞察することであるという精神分析に、私個人として、ある魔力的な魅力ないし憧憬を感じて、イメージ療法と平行する形でその文献研究と臨床に臨みました。

教科書に書いてあるように自由連想を行うと文献どおりの第一次操作反応が起こり、抵抗や転移現象も見られ、注意深く患者さんに告げるとそれなりの自己理解や洞察めいた言葉も聞かれました。しかし、症状の改善とはパラレルではなく、一時的な悪化さえも頻発して見られました（増井、一九七五）。

そしてある時、外来患者さんで、縦関係が中心の職場から、横関係が中心の職場に異動して、徐々にうつ気分から被害感が高じて、自生観念様の苦しみを訴える養子の方に出会いました。私は、即座に、養子という立場から、目上の者の意向の取り入れとその自己同一化による無意識的な過剰適応による発症と精神分析的に診ました。

続く面接でも、私なりの感想を的確に捉えて、「結局人目には聡いが、横関係では、自分のことは何もない自分である」という洞察めいた自覚が進むほど苦悩が深くなり、面接後、患者さんが蓄えてきた薬物の瓶の半分を服用して遺書も残し、自殺を試みました。幸運にも助かり、未遂に終わりました（増井、一九八二）。無論、このような事態に対処する精神分析的方法は、私が当たった限り論文や文献に述べられていませんでした。

医局では、瓶の半分しか服用していないから「本当は見せかけではないか?」などと議論がされていましたが、私の苦しみや自己嫌悪感は胸が締め付けられるような苦しくてやるせないものでした。

神田橋先生が語られたように、別な言い方をすれば精神分析的方法はいろいろな転移を起こし、やや病的な状態にし、それをもとに自己理解を深めるという方法で、患者さんを悪くする方法は述べていますが、転移を良くする方法は述べていません。

その後の奥さんとの面接で、「彼は未遂前は毎日のように、俺は皆と打ち解けるにはどうしたら良いのか分からないと唸るように呟いて、それは苦しそうでした」というような話を聞く度に、私は共感を伴わない知的概念的理解の恐ろしさで体が締めつけられるようでした。

治療者にとり、過剰適応として片付けるのは痛くも痒くもありませんが、患者さんにとり、明日は？　と思う度にその訳が分からない世界での、悶々とした苦しみが続き、知的に分かっても体験のない患者さんの苦悩の世界が始まるのです。

私は洞察することは、次に豊かな連想と安堵をもたらし良くなっていくとしか考えていませんでした。しかし、それは私の洞察教の盲念のようなもので、現実には洞察するほど、絶望が高まることを考えさえしなかったのでした。それ故に、私は次の面接の時、心から、自分の臨床家としての至らなさを詫び、もう一度、やり直しをさせてもらえないかと願いました。

その後、二人で共同作業としてどうすれば良いかを共に考えていくことに患者さんは同意をしてくれました。

結局、二人で考えついたのは、嫌で苦しいことや感じを、その内容は話さず、面接室に置いている書類箱の中に空想でそっと丁寧にしまって置いて帰ることでした。そうしているうちに、徐々に元気を取り戻して職場復帰まで可能になりました。

いわば、精神非分析的な方法の発見でした（増井、二〇〇七）。

この患者さんの「症状」に対して何とかしようとする主体的努力に、私は着目しました。そして、こうした患者さんの症状に対する主体的努力の援助について学会報告をした時、当時東京大学におられた村瀬孝雄先生が「日本心理臨床学会の編集会議での要請ですので、是非、学会論文にしてください」と言われました（増井、一九八七）。

また、この事例に前後して、同じようなことが、五回に限定したトライアルカウンセリングの時に起こりました。いずれも、分析的な枠組みの中で、私の感想が拡大して、洞察的な絶望を生むものでした。三回目ぐらいまでは、「さすがに先生はセンスありますね」程度で済んでいました。しかし、四〜五回目辺りから様子がおかしくなり、五回の終了後、発熱して、独りごとを言うような苦しみを訴えていることを聞き、見舞いに行きました。

彼女は、熱にうなされて何か独りごとを言っていましたが、私が手を差し延べたら、手を繋ぎたいようなので、黙って一時間ほど手を繋いでいました。私には熱い手でした。

彼女が少し落ち着いてから、私には、ごめんなさいと思うことしかなかったのですが、それさえ言えず、黙って手を繋いでいました。

彼女は、私の気持ちが分かってくれたのか、

「ありがとう、先生」

と言われるので、

「また、明日来るね」

と言いました。次に行くと、家族の方が、

「もう随分、落ち着きました」

と言われて、本人に会うとニッコリ笑うのです。

私は何かすべての自分の臨床をやり直す必要性を徹底的に感じていました。

第3章　治療的面接とは何かという問いかけをめぐって

1　神田橋條治先生との出会い

これらの事例の前後頃に精神分析を本格的に学ぼうとして、当時精神分析学を中心にケースを理解することなどを教えていた前田重治先生から、神田橋條治先生の教育分析を受けたいという旨の紹介状をいただきました。神田橋條治先生に初回にそれをお渡しすると、少し顔をしかめ「教育分析を希望しているようですが、私にとり二者関係であああだこうだというのは、アンイージーでね、あなたのケースを元に三角関係の中で、あなたを浮き彫りにする方が安全で良いと思うけど…」というご返答でした。デリケートな部分は英語を使われ、私はアンイージーの意味を面倒くさい、というニュアンスに受けました。

私は了解して、スーパーバイズ的な教育分析として受け止めました。

ここでも神田橋先生の二者関係での教育分析の煩わしさがよく出ています。

私はその煩わしさをよく理解していませんでした。

何も、教育分析という概念を使わなくても良いのです。しかし当時はそれを受けて精神分析療法家となることへの思い入れが強かったのです。

私にとり、先生との面接は、精神療法とは何か？　を巡っての問いかけそのものでした。

2　原点に戻ることの意義

「精神療法とは一体どんな作業なのか？」という原点に戻ってその作業を考え見つめ直すことは、我々の仕事そのものの原点を改めて見直すことになると思います。

その見直しは、各々の面接における自分自身の見直しに通じ、それがきっかけとなり、各自の面接の質の向上に繋がるからです。

このような一般論ではなく、私の体験を例に出し、もっと具体的に示そうと思います。

神田橋條治先生による教育分析的なスーパーバイズ

先にも少し触れましたが、この問いかけは、私の場合、神田橋先生による教育分析的なスーパーバイズという事例検討をしていた時のことでした。

その詳細は増井（一九九七）に記していますが、私はそのスーパーバイズの途中から、精神分析的な概念や抽象的な表現の使用を禁止されました。

その理由は専門的な学術用語でなく、患者さんが聞いてもよく分かるような具体的な説明ができるということが、臨床的に大事な要件だったからです。

例えば、抑圧と表現すると先生は、「もっと具体的に述べるとどうなることかね？」と問いかけられます。

それで私は抑圧という表現を、「その気持ちを述べると自分に都合が悪く、何か悪く言うようで、何も言わずに心の奥か下の方に押しやって……ですね」というように言い替えていきます。

そして、あるケースや自分の気持ちを、より具体的に述べることを積み重ねていくうちに、あまりにも具体的に述べるのが難しく、時には言葉にならず、具体的には分かっておらず、結局随分行き詰まり、「私はあまりにも具体的に分かってないようで、うまく表現できません……」という具合になり、その時に私の中で何かガラガラと山崩れを起こしたようになりました。そして、「自分は何をしてきたのか？　精神療法云々言ってきたけれど、一体それは、どういう仕事なのか？」という自覚と根本的な問いかけが起こり、原点に立ち返ることになりました。それ以後は自然に何か重い荷物を放り棄てたような、とても素朴な面接に変わってゆき、患者さんとお互いの心の耳に囁き呟くような面接ができたようでした。

特に、患者さんの人格構造論などはどうでもよく、患者さんの、より良く生きよう、自らの問題を何とかしなくてはという生きた内面の営み、それ自体が見えるような気がしました。

それは、別の表現をするなら、余分な理屈めいた理論を全て放り棄てた我が身一つと患者さんの身一つを感じ考えれば良いという身軽さとも言えるような何かです。

中井久夫先生との同席

次の根本的な問いかけは、田嶌誠一さんの提案する壺イメージ療法についてのシンポジウムに一泊二日で行った時、シンポジストとして中井久夫先生が列席され、丁度席が私の隣り合わせになりました（増井、二〇一九b）。

その時、先生の存在が醸し出す言葉にならない特有の清々しさを強く感じたのでした。

その感じは、あたかもマチュピチュ見学への途上で高山病のように息苦しくなっていた時、酸素ボンベから酸素を吸い込んだ時のような、あの特有の安堵感のような清々しさでした。

それはその人が発する雰囲気で、先生が何か発言されてもされなくても側にいるだけで安心して深呼吸できる、濃い酸素に似たもので、確実に私の中から湧いてくる安堵感のようなものでした。

その雰囲気を敢えて言葉にするなら「どんなあなただって良いのです、そのままで充分私は分かりますよ」といったものです。

精神療法家の存在自体が非言語的言語となることは、患者さんにとり、これ以上安堵できるものはないように思います。

それは何十年かけて、「何でもいいですよ。ありのままで…」と言語、非言語裏に述べ尽くしたことが、雰囲気として滲み出たものだと思います。

その体験は増井（二〇一九b）に詳しく述べていますが、その結果、「私は何をして来たのだろうか？　私の心理療法とは一体、何だったのだろうか？」と、また、今までの面接への理論や考えが全て崩れていき、例えば、難しい計算を算盤でしてきたのが、全てご破算になり算盤には何の数値もない状態になったようでした。

パソコンで言えば、全てのデータを消した、ないし消えた状態だと言えましょうか。

そして、私は患者さんの言葉にならない苦しみに大幅に耳を澄ますようになりました。

言葉にならない苦しみをありのままにゆっくり聴く大切さを実感しました。

このような体験は何かを失うというものでは決してありません。むしろ、それまで「このような理論は要らないかなぁ」と何となく思って来た、雑多な不要品を全て棄てた時に感じる、身軽で清々した気持ちで、「なんか我が身一つと我が心一つだけでいいのか」というシンプルで軽やかな心境でありました。

患者さんが述べることに対し、我が心一つが重要で、他の雑多な理論がむしろ、我が心一つになる邪魔になっている時さえ自分にあったことが次々に思い浮かびました。

余分な理屈を全部振るい落して、肝心な面接要素は患者さんを思う治療者の心といろいろ悩む患者さんの心とその二人の関係性しかないのです。だから、面接においてはいろいろ思う我が心だけを持っていけばいいという気楽さと相通じることとなったような気がします。

我が身と我が耳と我が心しか要らないし、その方が患者さんが落ち着く姿を目の当たりにし、それで充分だと思えたことに、私自身が驚きました。

このような気持ちで面接しているうちに、時には、ないし頻繁に、患者さんから
「先生のところに遠くから面接に来るのは、どうしてだと思いますか？」

などとにこやかに訊かれることが多くなってきました。私は、

「謎かけのような問題でいろいろ浮かびはするけど、パッとは分からないね……」

など返答すると、

「それはね、何か、先生と一緒にいて、先生の顔を見て、声を聞くだけで何か？　ホッとして、何故かいろいろなことがどうでもいいような気持ちになるからですよ……」

と話され患者さんの笑顔が返ってきます。それを聞くと、

「私にとってこれ以上ない誉め言葉で、ありがたいね……」

と、いつもお礼を言います。

3　治療的面接について

このような経過から、私の中で生まれてきた面接の概要を示す前に、私の面接では、「心」をどのように考えているかについて語ることは、私の方法の最も基礎となる部分を語ることになると考えられるので、まずその点から述べたいと思います。

治療的面接における心とは？

①言葉になる心、ならない心

まず私の面接では心を、あれこれ探しているうちにやっと言葉になるものと、言葉にならないもので成り立っていると考えます。私なりに言えば、言葉になるものは「意味言葉」とでも言え、言葉にならないものは「命の言葉」とも言えます。

それは、意識、前意識、無意識と同じではないかと思われるかもしれませんが、それとは全く異なります。かえってそのような心の定義は経験的でなく、極めて抽象的な定義で、かつ精神分析論と絡まりやすいので、私の方法ではタブーとなります。

②心とは不断に動くゲシュタルトである

心を場合によれば、膨大な画面の中でいろいろな形と色のついた模様が動き、無限に変わる模様のようなものであると説明します。

そして、症状が気になることは症状の模様が大きい状態であるとし、それが気にならなくなるには、それを打ち消したりしないで、別の好きな模様を作る方が良いと患者さんに告げます。

その別の模様が段々大きくなればなるほど、その症状の模様は相対的に小さく感じられるようになります。それのためにまず、自分がしたいことをするようにします。どんな小さなことでもできたらやってみることから始めます。例えば、患者さんが今晩ラーメンを食べに行きたいなら、豚骨ラーメンがいいのかなどと細かく聞いて、行きやすいお店に行くことを勧めます。

その症状の模様を小さくすることはとても困難で、その作業について例えて説明します。座蒲団の上に座っている自分が位置を変えようとして、その座蒲団を動かそうとして持ち上げても、自分が座っているのでいくら力を入れても持ち上がらない。それをしたいなら、まず自分が立ち上がり一旦座蒲団から離れて、他の好きな場所を見つけ、座蒲団をそこへ持って行って座り直しをする方が早いと。

好きな座蒲団の置き場が決まっている患者さんの場合は、そこに座蒲団を置き、座るイメージまで行うこともあります。

また、気になっている模様が大きくても、別の好きな模様が大きくなっていくと、心の中を占める割合が小さくなっていくと、絵に描いて説明することもあります（増井、二〇〇三 a）。

③心とはその基盤は限りなく漠然としたものである

私は再三、心の基本は漠然としてはっきりしたものでなく、言葉になる心は川の流れに浮かび上がってくるようなものであるとたとえることもあります。そして、その流れの底は変化に富み、どこからが底か流れかも漠然としています。

浅野（二〇二二）によれば、この心の漠然性に関して、脳と心の関係を現代の脳科学理論では、少なくても脳神経回路網の有するカオス・自己組織化・複雑性・創発が脳の働きにおいて中心的な役割を果たすことを証明したとあり、カオスからの秩序の形成、自己組織化は混沌からの秩序という言葉と同義であり、宇宙の様々なシステムにおいて見いだされる宇宙則であるとまで言い切っています。

脳内の一二の各ブロックにある刺激が、一秒間に一〇回転ほど高速で回り、そのブロックの一つに、決まった回路をバラバラにする無秩序的なカオス回路がある。そこで決まった回路が全く別の回路に無限に変転させて、その回路の一部が意識に上り、カオス回路のおかげでいろいろな発想が可能となり、人以外の動物にはこのカオス回路がないので同じような状況で直線的な同じ行動しか起こし得ない。そして、仏教的に言えばこの一二のブロックはお釈迦様の知り得た知の一二の境地と対応しているとのことです。

現代の大脳生理学では、このカオス論を抜きに考えられない様子が伺えました（浅野、二〇二二）。

この理論も、私の心理臨床で曖昧に漂う何かが治療者と患者さんにおいての関係の実体であることを裏づけ、私が極めて大切にする臨床を支持してくれたようでした。

第4章　治療的面接方法の実際

1　治療者が一人の人間に返ること――治療者が面接の場で「自分」に立ち返ること

私のいう方法とは、良くなることを推進する全ての内外的治療者の試みを示すものです。例えば、内的には患者さんの気持ちを理解してその苦しみについて治療者なりの気持ちを述べるとか、外的には治療者の飼い犬を見に行きたいと患者さんが言えば気持ちよくＯＫするようなことです。まず、大枠から治療技法を述べていきたいと思います。

治療関係とは、広義に述べれば面接場面の中で患者さんと治療者の心の中に起こっているものの総体であると言えますが、どこか味気なく感じます。

ところが、治療的な関係と言えば、多少ニュアンスが異なります。治療的な関係とは、治療的な達成に導く可能性の高い関係である、とここで規定します。すると、最初の大切な要件として、治療者として患者さんに好意を持ち、お互いの思いを尊重できるようにする方法を治療者が身につけるにこしたことはありません。それ故、ここでは、私なりの大きな意味での治療技法について述べようと思います。

その好意は、作りものでない限り患者さんに非言語レベルで伝わり、お互いに一人の人間としてスムーズに気持が通じ互いに安心できるという治療上極めて大切な関係ができるからであります。

加えて、治療者の好意的な態度が自然に出ている面接では患者さんは、やはりそうではない面接に比べ、かなり、ないし非常に、良くなるまでの期間が短い、即ち治りが早いという事実を私が実感しているからです。何も治療を急ぐ必要はありません。しかし、患者さんにとって苦悩を短期に乗り越えられることを、切望していることも事実です。

この好意について、あの中立性にこだわる精神分析療法でさえ、その大家である前田重治先生との私的な談話で、患者さんが治療者に一目ぼれするような体験はウール（超）・ポジティブ・トランスファーレンスとされ、治療上非常に有効な作用をすると聞きました。その逆に、治療者の好意も同様だと言います。

私は患者さんに対して、できるだけ、誠実で透明度の高い、いわゆる正直で素直に自分の内なる事実を語り、時には、ジョークも言える関係が相互的ではないかと推定できることを、面接しながら気づき始めました。

以下のケースは院生になりたての私の、全く初めてのケースです。

ここでは単なる会話ふうになっていますが、これが私の面接のスタイルの原型のようになりました。

保護室のヤクザの方との面接

このケースの文章を読むだけなら何の変哲もない対話のようです。

私の面接では、この何ら変哲もない日常性を極めて大切にします。

面接は特別な時間帯とは考えません。何故なら、特別と考えることで特別なことをやらないとならなくなるからです。そして治療者自らがその考えにはまり、面接を困難なものにしかねないからです。

このような特質を前提に読んでもらえると助かります。

この事例は、患者さんが尋ねることと私が自らの姿を伝えることが中心になり、自然に変わっていかれた事例でした。

このような事例が後述する「一人称の相互性」とか「生き言葉」とか「命の言葉」などの考察の入り口になったので、少し長くなりますが、ここで紹介します。


それは、とある病院の地下にある保護室の患者さんが、何やかや文句を大声で怒鳴ったりして煩わしいので、「先生が精神療法をかねて話し相手になってくれないですか」という看護師長の要請で会うことになりました。

私が院生一年目の初めてのケースです。記憶に従って報告します。


そこは、保護室とは名ばかりで、鉄格子のかかった牢屋風の部屋でした。

看護師が「何か言いたいことあれば、今からこの先生が話し相手になりますからね」と言って、私に「何か危ないことがあれば、このブザーを押してください」と室内に誘導してくれました。

見るからに殺風景な部屋で、入るなり私は
「わぁ、大変な部屋ですね」

と思わず言ってしまいました。

「なんだ、あんたは先生か？　なら、何故白衣を着ていないのか」

「僕は白衣を着るとどうも別人になったみたいで、それが嫌で、いつも手に持っているんよ」

「お前、少し変わっているな」

「うん、自分では普通と思っているけど、よく人に言われるよ」

「お前、俺が誰だか知っているのか？」

「うん、何かヤクザを仕事にしていて、急性肝炎になったのと、あと変な考えが浮かぶから入院したと聞いたけど…」

「それで、お前、少し怖くないのか？」

「僕があなたなら、こんな逃げ場のない所で暴力を振るったら厄介なことになると思うよ。だから怖くはないよ」

「お前なかなか賢いし、根性があるな」

というような話に始まり、大学院を知らないというので、その話や私の専門の分野を分かりやすく話しました。そのうちに彼の内緒話になり、生活保護と入院の間に如何にお金を稼ぐか、自分は実は金持ちでモーターボートで遊んでいることなど、とうとう話を始めました。

そして私も船が好きで、今エンジンがボルボのデイオペラで一二〇馬力のボートを持っているという話をすると
「おっ、なかなかいいね、やはりお前稼いで金持ちじゃないか」

とか言うので、私は、そんなに言われるのが大嫌いで、私が入っている会員制のプールやサウナで、周りからあれこれ言われる話をしました。

サウナの中で大半が友人みたいなもので皆が

「ヨットって贅沢な遊びだねぇ」

としきりに茶化すから、僕は
「お前達のゴルフのほうが贅沢だ。朝早くからするといって何万も払ってよ」

と言い返すけど、

「ヨットって贅沢な遊びだねぇ」

とまた茶化して言うので、ある時頭にきて、

「お前達、貯金通帳が海の上を走るかよ！」って怒ったことあるよ、するとサウナに入る度に、

「なっ、先生、貯金通帳は海の上を走らんもんね…」

と今度は茶化しては皆、面白がってね。

そんな話で彼はだんだん笑顔になって、

「あんた、少しおかしいな」とか言うので、

「買った時より高く売れるような船を探すのさ、あなたのボートは業者から買ったでしょ？　業者から買わずに個人が売買する船を値引きして買うのよ。それに多少自分の好きなように手を加えて、別の船に買い替える時に少し二〇〜三〇万買値より高く売るわけさ。船底の塗料塗りだって、友達を呼んでするよ。あなたの船は業者任せだよね。お金は随分かかろうもん…」

などと、つい話に熱が入り、「舵」という雑誌に「売りたし、買いたし」という欄があって、個人で売買ができることを話したりして、あっという間に一時間過ぎてしまいました。

帰り際、「もし良かったら、来週も来ようか？　それじゃ、来るね」と別れました。

次の週に行くと、看護師は「先生、一体、どんな話をしたのですか…あれから雑誌を読んだりメモしたりして、とても大人しくなりましたよ」ということでした。

続く面接では好きな、ヨットやボートの話で明け暮れました。多分五回目ぐらいに「先生達は若い頃から勉強して良い子だったんですね？」と、言葉使いも丁寧に尋ねてきました。

「あのね、僕の子ども時代の話をすれば何時間もかかるよ。友達は割と集まって来てね、というのも、僕は面白い遊びを作るので、遊びの師匠と呼ばれていたんだ。さて、どんな遊びを考え出したのか？　当てたら、僕のボートを半値でやってもいいよ」と謎かけました。

実際、このような謎かけをしなくては言いづらい遊びでした。

彼は「やはり女遊びか？」など言うので、私は「女性など全く関係ないね。少し言いにくいんだよ…」と述べ、彼がイライラしているようなので

「女房にも話してないけどね、それは、野グソ試合、なのよ」

「えっ？　野グソって、あの野グソのこと？」

「そうよ、それよ」

「先生が？　まさかね…」

「その試合を考えて、他人に発覚されそうな場所にそれをした方が勝ちで、それによって、初段とか位を付けるのよ。そして僕はその師匠と言われるほど、際どい所でするわけさ。だから師匠の僕は、皆がどこでできたか実際見て、まだ初段も行かないな、とか位をつけるのよ」

そんな話を聞くと、彼は笑いをこらえるのに苦しい様子でした。

私は数え切れないほど面白そうな遊びを考え出し、友達は、少年探偵団の歌まで作りました。「ポックリコ、

僕らは少年探偵団、勇気リンリン虹の色、…」皆で歌いながら自転車で次のイタズラしに行った話をしました。

彼は腹をかかえて笑ったり、時には感心するやらでした。

当時、小間使いのような、誰彼なしに「いじめ」を受ける奴が一緒に来たがって、自転車を持ってないので誰かの後ろに乗って、付いて回っていました。

その彼が何故か「一度、家に来てくれ」と誘うので何気なく行くと、物置小屋と間違うような家で、土間に鍋やらがあり、家の壁はなく、一枚の板の間から風が入って来て、居間は土間を少し高くして畳らしき物が敷いてあるだけでした。母さんは「いつも息子と遊んでくれて本当にありがとうね」と言うのです。

その話をしみじみと聞きながら彼は、その貧しい子どもの事の顛末を知りたがるので、私は

「少し聞きたいのだけど、何でそこまで訊くのかなぁって思うのよ」

と遠慮がちに訊くと

「似てるのさ、俺と。母さんはアル中だったけど……」

と、ぼそっと言うのです。だから私は

「なら、夕飯はどうしたん？」

「もちろん、食えないさ。だから盗むのさ」

などと、いろいろ本当に苦労して生きてきたことを語りました。

そして、突然、

「お前など喧嘩は弱かったろう」

と言うので、私が子ども時代、怒ると暴れ出すので、母から

「武士は喧嘩などせずに勝つ者ですよ」

とか言われ、その方法を自分なりに真剣に考えたことを話すと、また興味深く聞くのです。

「それで喧嘩などしたことがあるのか」

「あるよ、それまで小さな時弟子のようにしていた奴が中三で就職組に行き、クラスが別々になって、何故か外に出ろと言うので出たら、急に殴られたよ。何故かな？　と考えている間に行ってしまったけど、今でも分からないよ。とにかく、相撲やプロレスでは、相手はひどく弱かったのでね」

など述べると、彼は笑いながら「お前をなぐってもお前が本気にならないのをよく知っていて、進学組の代表でやられたのさ」と言うのです。それも嬉しそうに話すのです。


そして又、例の貧しい彼の話になり、ある時に、釣りに連れて行って、生まれて初めて一匹釣り上げて、ひどく喜び、竿やテグスなど全部彼にやったこと、その後、釣りに熱中して、フライやルアーなどで、毎日のように釣りに出ていたことなど話しました。

そして、最後に私の友達の父がもつ船の漁師になったことを話しました。

その頃から、彼は徐々に表情がずいぶん透明な感じになり、喜怒哀楽が分かりやすくなっていました。

それから間もなく退院となり、その後は外来の話となります。

それからも、私の生まれや家族のことなどを細かく聞きたいというので、比較的経済的に恵まれていたこと、母親は優しいだけで生きているようで、父親は背中で教える人だったことなど私の情感を含んだ事実を話しました。

　彼は、私が関西生まれであることを驚き、その事情を尋ねられたので、京都の大学院で、S先生の特別研究員だった私は、先生が定年退職になったために、大学院を変えて、臨床心理学を研究したいなら、今は九州大学が日本で最高だから、そこで学ぶように教えられて九州まで来たと話しました。彼は
「先生も、それなりに苦労したんですね」

と私を慰めてくれる有り様でした。

「これじゃ、どちらが患者さんか分からんね」

と、私は苦笑いしました。

　その頃から彼は、徐々に表情が子どものように可愛くて豊かになったようです。

　そして、ある日、俺たちのヤクザの仕事をどう思うかって聞かれ、私は自分に問いかけ
「私なら、ヤクザをやめて、まっとうな仕事を懸命に探すと思うよ」

と答えると、初めて彼は本気で
「このとうしろうが簡単に言いやがって、おれも随分、苦労したさ、けど戸籍や現職の上の推薦書類やら、うるさいで、どれ程苦労したことか、お前には到底分かるまいが！」

と大声で怒鳴り散らすのです。

　しかしそのくらいは知っていたので、

「それくらいは、馬鹿でも知っているよ。けどね、そこら辺りの炭鉱に行けば、まだ炭鉱夫の募集はあるみたいだし、そこでは、まだ一日いくらという働き方ができるらしいよ、友人で父親が炭鉱夫していた奴から聞い

たけど。真っ黒になってお金を稼ぐ方が、他人の懐を当てにするより、よっぽど気持ち良かろうもん」と、つい言ってしまいました。そう言いながら、私は治療者としての一線をとうに越えてしまったことに気づき

「悪かったね、人の生きざままで口を出して。本来はこんなことを絶対言わないのだけど、つい口から言葉が勝手に出ちゃってさ…」

と謝りました。

それから彼の顔つきが引き締まり、黙って外来の面接室を出て行きました。

私は治療者としては後悔しましたが、人としては、やるだけやったという実感でした。後から言い過ぎたことを謝ったし、私にできることはした、と自分を慰めていましたが、やはり気持ちは後悔と彼に対する不安が残りました。

それから半年ぐらい経って彼から突然連絡があり、次の外来の予約をとり、会うことになりました。要は、水産高校に推薦入学できるかも知れないが、推薦書類がどうしてもいるので、書いてほしいというのです。

その推薦状の最後に「彼は一見無愛想ですが、決めたことは黙々とやり遂げる人間なので、貴校にはふさわしい人間だと思います」との文章を相談しながら作りました。

結果的に、彼はピカピカの学生服を着て入学となり、私は、機関士より航海士になって、オフィサーかキャプテンになる私の夢を叶えてほしいと頼みました。

その後もいろいろあるのですが、これで終わります。

治療的面接における一人称の重要性――一人称の相互性について

例えば、この一人称の相互性とは、無口で自己表現ができにくい女性の方に、「夜ご飯、何が食べたいか」と訊いても恐らく「何でもいいわ」と答えるでしょう。

しかし、「僕はトンカツか何か、洋食を食べたいのだけど、君は何を食べたいかな?」と言えば「そうね、トンカツもいいけど、ハンバーグもいいですね」と、答えやすくなってくるでしょう。

また、例えば、「どこに行きたいの?」と訊くより、「僕は海に行きたいけど、君はどこに行きたいのかな?」と訊く方が、相手の個人的な好みを話しやすい状況を作りやすいでしょう。

治療的面接では、一般論より個人的な好みや事情を聞く方がより大切であると考えるのは、患者さんの心や情感が出やすいからです。

因みに、個人的な情感を聞きたければ、まず初めに治療者が個人的な好みや情感を語ることは、私の方法では基本中の基本とも言えます（増井、二〇〇二a・b）。

例えば、患者さんから「先生は普段、家でもそんなにゆっくりしているのですか?」とか訊かれた時「実は私、家では我がままそのもので、起き上がるのも面倒くさい時なんか、ソファに横たわって口だけ開けて果物を口に入れてもらうことさえあるよ」と、ありのまま答えます。

患者さんからは、「まあ、そんなにぐうたらですか…。けど、私の家のように、きちっと正座して、食事中話もしないなんて、おもしろくもおかしくもない。それより良いですね…」などと答えが返ってきます。

家での様子を聞かれ、「あなたは私の日常茶飯事に興味あるのですね」では、患者さんは拍子抜けして「ええ、まあ…」と、話は途切れかねません。

たまに患者さんから「先生は今の社会をどう思いますか?」と問いかけられますが、「今の社会はつまらんね。ネット、ネット、パソコン苦手で私は押し潰されそうだよ」とか答えます。「現代社会には、新しい資本主義が必要ですね」と答えたら、どうでしょう。どちらの方があなたの自分の意見なり感想を述べやすいか、少し想像してください。

私としては、一般論より個人論、三人称より一人称の言葉が、治療的面接では大切と考えています。なぜなら治療者が自らについて語る方が患者さんの個人的な事情が出やすいからです。

例えば、ある患者さんが、症状の発生に至る苦しい状況をありありと語った時「あなたは、……ということで苦しかったのですね」と言うより「そりゃ、……できつかったでしょうね。話を聞いてそう思いました」と言った方が、分かってもらえたという患者さんの安堵感は深いでしょう。

このような患者さんの安堵感や自己自身の何かを語る作業を誘い、そうしやすい援助的なサービスをすることは治療者の大切な役目でしょう（増井、二〇〇二a）。

治療的面接では、患者さんの論理や常識よりも患者さんの心理や個人的な考えや感じが大切なことは理論的にここでは細々説明しませんが、明らかです。

患者さんの個人的な私話をし易くするためには、漠然とその話を待っているより、先に治療者が個人的な一人称の話をすることは、患者さんのそうした話を出し易くします。

私はそれができるのが少し成熟した治療者の役目だと考えて臨床の場に挑み、結果的に良かったと思うことばかりでした。

治療者の「生き言葉」と「死に言葉」

患者さんの一人称を語り易くする治療者の言葉を、ここでは「生き言葉」とか「命の言葉」と述べます。その反面、一般論とか文化論のように、患者さんの知的論を述べ易くする言語を「死に言葉」とか「意味言葉」とします。

生き言葉とは、患者さんの自己自身の感覚が治療者の自己自身の感覚を刺激して、治療者が感じて出た言葉であり、それは、患者さんの自己自体感を活性化して、もともとの「私」感覚を豊かにさせると思います（増井、二〇〇三a）。

その生き言葉は治療者や患者さんの考えることからでなく、漠然とした気持ちから浮かび上がってくるようなものです。

その生き言葉は、言葉になるかならないかのゾーンを治療者が聴き、その感じなどを患者さんに伝えることで生まれやすいと思います。それは、治療者が視覚的イメージで患者さんの話を聴くような、ある弛緩した状態でよく浮かぶので、イメージで患者さんの話を聴くことは、患者さんにとっての生き言葉を生むことになりやすいのでしょう。

生き言葉と自己感覚はアブクのようです。

治療者に浮かび上がってくる言葉やイメージや感想とは、治療関係という川の流れに浮かび上がってくる「アブク」のようなものだと私は思います。

ただそのアブクもいろいろあり、その中で患者さんにとって沢山の酸素や清々しい空気が入っているものは、患者さんの心の中に息吹を与えます。このような治療者の言葉は、生き言葉になります。

その生き死にを決める指標は、漠然とした治療者の中から浮かんだ言葉、つまり混沌から産まれた心か、あるいは言葉の秩序から産まれた言葉かでしょう。混沌から産まれたものは心そのものであり、知的理論や頭で作られたものは心に息吹を感じさせにくいという差があります（増井、二〇〇二b）。

患者さんに訊かれたことに対して誠実に答えるという作業それ自体、先生は……、それでは私は……という内省を促します。その内省自体、小さな私という自己感覚の芽生えに違いありません（増井、二〇〇三b）。そして、患者さんの問いかけに、治療者の漠然とした世界からアブクが浮かんできて、それを聞いた患者さんの中で息吹が多少とも発生するかも知れません。

治療的面接では、この一人称の生き言葉を大切にします。

そこには、できるだけ活きた姿のありのままを伝えようという姿勢も、伝わるかも知れません。そして患者さんの自己感覚が、「それなら私は……」という言葉にするかどうかは別にして、私は……という自己感覚に息吹を与えて、少し患者さんの中の「私」感覚がアブクのように弾けるのかも知れません。

一応、理屈や理論として、私の治療面接では自己感覚の増幅による症状感の低下と分かりにくい表現をします。もっと平たくいえば、私はこう思う、といった治療者の感想などを聞き、患者さんは、私は…という内省が増幅され、その私は…の感覚が大きくなるに従い、症状感覚は相対的に薄れていくのだろうということです。

極端なたとえ話を出すなら、あの有名な「我思う、故に我あり」というデカルトの言葉です。いろいろ思い煩い、迷い、真理なりを追求することを症状とするなら、そんな自分がいたという事実の痛烈な自覚と気づきを自己感覚として、それを少しずつ育んでいこう、という試みが私の面接とも言えるようです。また、「存在は本質に先行する」と実存哲学のいう通り人の感覚は言葉に先行していると言えます。

この我あり、の話がピンと来ない人は、このような話があります。

私の友達で病理学専門医だった人がいます。そしてある日、彼は夜が静まりかえるまで、顕微鏡でアメーバのあのくねくねとした蠕動運動を、「何と、外界と調和して微妙に、しかし完全に外界に対して動いているか」と長時間見惚れていたところ、フッとこの見惚れている私は何なのだろうか？　という疑問が湧き、「コペルニクス的転換」が起こったそうです。

その後、西田哲学の矛盾的相即の世界や仏教の唯識論に没入して、挙げ句のはてに、精神療法にまで興味を伸ばし、「私のスーパーバイズを有料で受けたい」と言い出しました。

私が彼のケースを聴きながらコメントすると、「それはね、西田哲学では……けど、筒井哲学では……」と、そんな話になりました。三回目から暇な時の無料の談話ではどうかと私が言うと、自ら主催する仏教哲学研究会に、私の方が強引に参加させられたことを思い出します。

このハッと自分に返るという自己感覚の広がりは彼の本業まで変えて、退職した今では私の非常勤先の病院の精神療法の担当のように患者さんに対応しています。

患者さんが私に問われた質問に対してできるだけ一人の人間として、素直に答えるのは当然ですが、やはり人には言えない恥ずかしいこともあります。その時は、患者さんに守秘義務をお願いする場合も稀にあります。

より良い治療的な経路を辿るために、また、患者さんの自己感覚に少し息吹を与えるために、たぶん、患者さんより社会適応して大人であろう治療者が、先に、「実は…」の話を求められたら、先に立って、心を開き、患者さんが話し易くするのは、私にとって当然の面接要件だと思います（増井、二〇〇二a）。

自己感覚の賦活の相互性への気づき

自己感覚の活性化は「議論が白熱してきた」とか、「時を忘れるような時間だった」とか言われるような時と思います。

そこでの時間帯は、いわば、自己感覚に埋没するような時間帯でしょう。その時間が自己と融合して、時間感覚さえも薄れるような時間帯であるとも言え、またそう感じます。

議論が白熱した時、「あなたは…と言うが、それにもかかわらず」とか、「しかし私は……と思う」という対話は、一見したら対立して相手の意見を拒否しているように見えますが、実は、私は……という私の自己感覚に波及して相手側の自己感覚を刺激して、相手側の意見の明確化や相手自身が自己感覚に見合った言葉を自ら求めて探索する作業とパラレルではなかろうかと考えます。そこに必要な要件は自分の相手を思う深い心と信頼感が暗暗裏に相手側に伝わっていることでしょう（増井、一九九八）。

それ故に、患者さんやスーパーバイジーは、「持論をそう言われるが、しかし…」と治療者やスーパーバイザーに反論的に言われながらも心は何となく軽くなったり、スーパーバイジーの言う「何か漠然とした、大切めいたものを持ち帰る」ことになるのです。

私の神田橋先生とのスーパーバイズは、この漠然とした何かある感覚の連続でした。だからもう約四〇年前のことでも、時々、ああ、この感覚や考えを先生はこう言っていたんだなと、アブクのようにポッカリ浮き出てくるのです。今書いていること自体、その原動力は、この何かを探し求めるということかもしれません。これは、録音テープにも画像にも入りません。

将来、人の心中を画像に出来たなら、たぶん、川の中の流れが底にある石か岩に当たり水流が途切れて、それがアブクとなり、ゆらゆらしながら水面に浮かび、パチンと弾ける場面が映るかも知れません。

この生きた自己感覚を伴った治療者の言葉の何かが患者さんの自己感覚を刺激して、少しずつ、生きた言葉や表情に出るという、その場かぎりしか感じられない何かの連続が私の、また誰しもの治療的面接の基盤となっていると思われます。

2　患者さんを肯定的に見ることができる基本的な考え方——症状能力について

第1章の初めにも述べましたが、私はスーパーバイズや演習などでは、治療者自身と患者さんが自己援助的内省ができるように面接を行います。

無論、患者さんに必要なのは自己援助的内省です。そのために、治療者がいかに患者さんに自己援助的な内省あるいは発想が可能か、がまず問題になります。

何故ならその発想自体が治療者の中に治療的な内省を促し、それが面接の場で患者さんにさまざまなレベルで伝わるからです（増井、二〇一九a）。

因みに、見出しには「症状能力」という言葉を使っていますが、患者さんの苦慮することの後に「能力」という文字をつけることは、そのおかげで患者さんが助かっている事実を想定する作業です。

例えば、抑うつ症の方が気分が落ち込み自閉的となり閉じ籠る自分を責めて他人の顔も見たくなくなっている場合、その閉じ籠り能力のおかげで患者さんが助かっていることに思いを馳せます。すると、少なくともその閉じ籠るという能力で、それ以上心が散り多忙となり、普通に喋れる他人を見て心が乱れ、過度な感覚が心を疲労困憊させることにならないようにしていると考えられます。

そう考え直すと、その閉じ籠りを少しだけ楽しめる工夫をともに考えられます。そして、以前から少ししたかった刺繍をすることなどを思いついた患者さんがいたとしたら、ゆっくり刺繍してみて、その閉じ籠りが少しだけ楽しめるようになれば、もう少し楽しむ工夫をやってみます。そのような治療的な展開が可能となります。すると徐々に表情が和らぎ、日々の中で自分の落ち込みは頑張り過ぎのせいかもしれないという自覚が湧いてくることもあります。

私のスーパーバイズは、患者さんや治療者が困っている事がらに「能力」という言葉をつけて考えることから始まり、自分が生きてきたことを、「心のやりくり」（増井、一九八七）として振り返って考えてみることを勧めることも多いのです。その内省で、患者さんの困っていることをいろんな角度から見ることができるからです。

落ち込み、自傷、リストカット、自己嫌悪、被害妄想、視線恐怖等々、そのあとに「能力」をつけて、そのことによって得ているもの、助かっていることについて思いを馳せます。これは必ず、治療者と二人で行う方が良いと思います。時には、あるいは多々、「私は結局平和を求めていた人間なのだ」とかとても貴重な自分らしさと言える人格特性が発見されるかもしれません。

因みに私は、気になることに対してはとても短気です。その短気能力について思いめぐらすと、そのお陰で原稿書きや本の目次作りなど、暇があればせっせとやることができているようです。

3　治療場面構造の調整

治療方法とは、私は広い意味では、患者さんが治療的な面接の場でそれを体験して、「良かった、心が軽くなった」と思えたり、表情や話し方が明らかに軽くなるなどの体験を促進するような、治療者の工夫全体を示していると私は考えます。

次に狭義の技法として分かりやすくするために具体的な事例を記しましょう。

不登校の主訴で来談したある子どもは、私との心理療法の初対面の面接で、いつものように何気なく、

「どんなことで、お困りですかね？」

と聞くと彼女は下を向いて黙ってハンカチを取り出して両手で揉み出しました。

私は即座にこの子は、とにかく言葉にするのをとてもためらう子で、非常に恥ずかしがりやであることがわかり、面接室内にあるタオルを持ってきて、

「あなたの気持ちはこんなふうですかね？」

と訊きながらタオルを恥ずかしそうにモミモミしました。

すると彼女は静かに頷きました。そこで私は、またタオルで、

「こんな気持ちもない？」

とタオルをピンピン引っ張りました。

彼女は首を横にふりました。

私は、気持ちが柔らか過ぎて人の態度に過敏な子のように思えたので、

「今から先生が簡単な質問するから、口でなく首で頷くなりして答えてね」

と告げ、

「お名前は◯◯さんですね？　あっていたら首で頷いてね」

と聞くと、彼女は頷く。

「それでは、きょうの朝ご飯はパンだった？」

彼女は首を横に振る。最後辺りに、

「あなたは言葉にするのはとても恥ずかしいし苦手な人かな？」

彼女は少しだけほっとしたように頷く。

というふうな面接を続けて、

「あまり長くいると疲れることが心配なので、次は気が向いたらまた来て下さい。気が向かない時は無理して来ないでもいいですよ」

と告げ別れました。

この後の面接については省きますが、数回会ううちに彼女はポツポツ登校を始めました。

一見何の変哲もないこのような面接は、彼女が面接を受けて良かったと思えるようになるための私なりの工夫であり、方法です。やや専門的に言えば、治療構成場面をとても狭くしてタイトにする試みです。

この工夫は彼女が初対面で言葉にすることがとても苦手な子、という理解や共感を一つの素材として方法を提示しています。

この反対に、随分緩い場面構造は自由連想的な場でしょう。例えば、「何でもいいので、思い浮かぶことを自由に話してください」といった場面構成です。その場合、彼女は押し黙って困りはて疲れきって、「もう二度とあんな所に行きたくない」というふうになることを想像することは非常に容易です。

　私は、そこで使われる方法は患者さんの苦慮する世界への共感として使われることが治療的な面接では肝要であると、長年の体験から考えています。

　特に、治療者自身の都合上、人間観に拘ったり、行動療法だけに拘ると、まさに治療者中心的な方法となり、ここでいう治療的な面接とはなりにくいようです。


　行動療法の草分けとして知られたＹ先生と仕事を一緒にする機会に恵まれ、よく話をしました。その時、私はごく普通に知り合った人の話をしたつもりが、その後さらりと
「そうして先生は一人、友達ができた訳ね」

と言われ、なるほど、そのように自発的反応を強化すると同時に私の中にある考え方が変わったりするのか…と思いました。そんなことが頻繁にあり、逆にＹ先生の発言に意外な攻撃性を感じて、

「それで…意外と先生は、頭に来てるよね」

と私の印象を述べると、しばらく何か考えている様子で、

「先生も、割とやるわね」

と言われ、互いに大笑いしました。

　Ｙ先生においては、いかなる対話や些細な話でも行動療法の対象となりえます。

　このように一芸を極めると、どのような場面でも適応できると実感をさせてもらったことを思い出しました。

4　面接初期に確認した方が良い要件

面接とは生き物です。

だから、いろいろな方法を列挙しても本来的な意味がなく、その時、その場で使われて初めて、その方法が生きた形で描けます。

本来的に生きた面接で提示される方法は体系化を嫌います。

それ故、最近の強迫観念による神経症の方の事例がご本人の承諾が取れましたので、その事例を述べながら、その方法を紹介したいと思います。

無論、この方法は、副作用が少なく、かなり短期で患者さんの満足感が得られる方法を追求した結果であり、臨床的な事実に基づく方法であるものです。

しかし、これは「私」が模索してきた結果であり、各人がこの方法や考えを参考にして、各人のその人に見合った方法を発想して、臨床的に患者さんの役に立つ方法の創作のステップに役立ててもらうことが、最も私の望むところであると強調したいと思います。

これを参考に自分なりに納得する方法が発見されるに越したことはないからです。

ある事例の初回面接

私の初回面接は紹介状や他の方のインテイク面接があったとしても、それを読みません。

患者さんを、初めて出会う一人の人間として尊重していることを分かってもらうためにも、直にご本人から、困っていることを聞きたいと伝えます。

また、他の人が聞いた内容の聞き違いや感覚的なくい違いなどがあってはならないことも伝えると同時に、患者さんが大切にされていると感じてくれたらと思うからです。

※は面接初期に確認した方が良い要件を示す所です。

患者さんは入室して

「谷田部（仮名）と申します。よろしくお願いいたします」

と簡単な挨拶をしました。

私は、とても誠実でかなりの教養深さと人格的な固さを感じました。

「同じことを繰り返して話すのは面倒かと思いますが、私はできたら、ありのまま、直にあなたの苦しみや症状や言いたいことを聴きたいので、よければ話してくれませんか？」

「う〜ん、そうですね、私は、錆び付いた金属やゴミや何か汚いものを見るか、特に触った後、その汚い気分が無くなるまで何回も手を洗うことで困っています。それから、夫婦で揉めることです。私は妻にもその汚いものを洗うことを求めてしまうのです。大体、会社で嫌なことがあって、それ以後、こうなったようです。院長先生から精神療法の外来があると聞いて、ひょっとしたら薬とそれも受けた方が治りが早いかなと思いました」

「よく分かりました。お薬と併用して、精神療法を受けられるのは、今の日本では、最高の方法と私は思います。また、普通、教科書には、大体手を洗う前に、何か不安というか、漠然としたイライラした嫌な感じがあり、その後に手を洗わないと気がすまないようになるとか書いていますが、その点はいかがですか？（※）」

「そのとおりのようです。私は割合、というか何時も、汚いものを触ったりすると、何の根拠もなくイラッとしたような…不安というか不機嫌というか、そんな感じで…」

「すると、その嫌な感じが薄らぐと手洗いは少なくなるようですか?」

「たぶん、そうだと思います」

「ここでは、そこら辺りから治療を始めたいと思いますが、いかがですか?」

「今まで、そんなことは考えてもいませんでした。なるほど、と思いました。そういう手もあったんですね」

「突然変な質問と思いますが、仮になんでも出来ると空想して、どんなことがあれば、その嫌な感じが減ると思いますか? 少し、想像を膨らませてみてください(※)。ある人は、世界戦争が起こって人類すべてなくなったらいいかな…とか想像していましたけど」

「えっ、そんな想像でもいいのですか?」

「私は、心の中は何でもありだと思っています。土台、こう考えてはいけない、ああ考えてもいけないじゃ、窮屈極まりないと思いませんか。例えば、私がこの病院に来るまで、心の中で一人殺して来ましたよ、突然ウィンカーも出さずに、急に目の前に車線変更したりして、こんな奴、事故で死んでしまえばいいのにって、殺して来ましたよ」

「えっ、先生でもそんなに思うのですか?」

「思いますね。特に私達は、ゆっくり焦らずに患者さんが良くなっていくことを、時には我慢強く待つことが仕事ですから、仕事終わったら、短気になったりしますよ」

「そうですかぁ…先生もやはり人間ですもんね」

「そのとおりです。だから専門家としての私と人間としての私の両方があるって考えてくれた方が、私としては有り難いですね。ところで、さっきの空想はどうなりましたか」

「そうですね。言われてみてパッと閃いたのは、もう退職して辞めましたけど、会社の人間に、なんか天罰が下ればいいかなぁと思いました」

「どんな天罰でもいいのですか？　例えば、皆が癌になるとかはいかがですか？」

「（笑いながら）まあ、そこまで具体的に分かりませんけど」

「それでは、これから気が向いたら、ムカッときた時に、皆がどうなれば気が済むか、少し想像してみてください。気が向いたらで結構です。これは治療の一環として考えてください。ところで、あなたの趣味というか、とても好きで我を忘れるようなことはありますか？（※）」

「それに近いのは、バードウォッチングしている時ですかね。私はそれが趣味で、今か？　今か？　と待ち望んでいる時、胸がときめくというか…」

「それですよ、それそれ、胸がときめくって言葉がいいですねぇ…。仮に、一日の間に何回ぐらい胸がときめくなら、あなたの症状は低下してくるって想像できますか？」

　しばし考え込むように
「なかなか難しい問題ですが、割合機嫌のいい時には、少し手洗いが減っているようにも思いますが、何となくですが…」

「なるほど…だから割合気分がよい時が、何となく少ない。私のやり方ですが、その、何となく、ということをひどく大事にします。気持ちとか心の根っこは、ああだ、こうだって言葉にならないで、漠然として何となく、ですもんね、お分かりですか？」

「はい、確かに何となく、分かります。」

　お互い笑い合う。

「その趣味なら、キャンピングカーなどお持ちですか？」

「先生、それですよ。今、私の欲しいのはそれですよ」

「私の患者さんでもう元気になった方で、彼もアウトドアが好きで、ハイエースとかいう貨物車を改造して、キャンピングカーにしている間にうつうつとした気分が薄れていった人がいますけど、適当な時に紹介しましょうか？　いい奴ですよ」

「先生、是非とも、いつか紹介してください」

「はい、分かりましたけど、また宿題のようなものが増えましたね…。この次に来るまでに、キャンピングカーのメイカーに問い合わせて、現物を見てあれこれ確認することが宿題となりますけど、いいですか？　治療は二人の共同作業と、私は思います。あまりムリしてする必要はないので、気が向いたらね」

「先生、買いもしないでもいいのですか？　少し厚かましいのではないですか？」

「いいのです。夢はその一歩から始まります。買うことは後でも、見ることが楽しみでいいと私は思います。私は買いもしないでも、中古車を覗いたりよくします、私はオープンカーが好きで、今はトヨタのレクサスのオープンカーの中古車に興味津々ですよ、買いもしないのに、見ているだけで楽しくなるし、いずれ買いたいのでね」

「先生の宿題は楽しいものばかりですねぇ」

「そのとおりです。あなたに必要なことは楽しみ作りですよ、いずれ分かってくると思いますが」

　途中経過は省略します。

「誰しも、患者さんは、良くなりたいと思っていますが、あなたはどんなふうに良くなりたいと希望していますか？（※）あなたにとって良くなるとはどんな状態を求めてこの病院に来ているのかを、是非聞かせてください」

「そこまで考えなかったのですが、しいて言えば、あまり気にならなくなるぐらいですか」

「その場合、最悪の時を１００としたら体調や手洗いを含めて、今は大体いくらぐらいですかね…また、いくらぐらいになれば良いと考えていますかね…。それを聞かせて欲しいのですが、大体の感じでいいので」

「う〜ん。大体の感じでいいとして、最悪を１００として、今はこちらに来ると決めたからか80ぐらいですかね。それが、まあ、できたら20から30ぐらいになってくれたらいいかな…。０になると不潔ですからね」

「そのとおりですね。少し時間が掛かると思いますが取り敢えず、三回目、三〇日目、三ヶ月ぐらいで私は経過を考えています、また、この時間帯はあなたのためにあるので、注文や不満はおおいにＯＫです。また、ドタキャンもありです。もちろん、他の所に変わるのも掛け持ちもＯＫです。あなたにはできるだけ納得して治療を受ける権利があるからです。他に何か、聞いておきたいことがあれば、何でもどうぞ」

「何だか、思ったより自由な感じですが、それでいいのですかね？」

「あなたが自由を感じられるほど良くなると考えてください。恐らく、私の経験上そのように思います。これで今日はおしまいにします。次の予約が必要なら、事務で手続きしてください。それでは…」

患者さんの帰りの足取りは軽く、また表情も緊張がすっかりとれたようでした。

初回の面接は大体以上です。

初回ないしは面接初期に確認した方が良いと思う要件には※を付けています。これらの要件も、この章で述べる他の治療的方法も、それについて、どれほど考えても、副作用が少なく作用の方が強い、というものです。

例えば、自分の欠点を思いつめるより、長所ととらえて考え直す方が、自己非難や自傷行為や自殺願望は出にくくなると思います。

この患者さんの場合、気になって手を何度も洗う能力、とすると、その行動によって嫌なものを洗い流したように気持ちが落ち着いていく、衛生的でコロナ感染の予防になる（この頃、コロナが流行っていたので）とも言えます。その能力によって得られている、助かっていることがあると分かれば、そう自己非難的には捉えなくなります。このような点や意味合いで、治療的、と述べています。

良くなることのイメージの点検

ある抑うつ症の患者さんは、良くなるということを完全にうつ的にならず日々快晴が続くことと思い込み、雨でうっとうしい日々があれば良くなっていないと思い、ひどい不全感に一三年間も苦しみ続けたとのことでした（増井、二〇一九a）。

「おかしいな…大抵は、単なるうつなら長くても三年も掛からないけどね」

と首をかしげて、よく聴いてみると先に述べた考えでした。そして

「良くなるということは、最悪の時が以前よりマシになっていくということで、決して落ち込まないということではありませんよ。落ち込まない人なんて、この世に誰もいませんよ。私だって死にたくなる日が年に何回

かありますよ。大体、最悪期を１００として、30ぐらいで行き来して、最悪時には90の時もあれば50になる時もあります。心も身体と同じように自然の一部です。だから毎日快晴なんてあり得ません。むしろそうなると余計次の落ち込みは激しくて危ないのです。

さて、あなたが最初に病院にきた時を１００としたら、今はどのくらいか大体想像してください」

と尋ねると少し考えていましたが、大体で良いので、と尋ねると

「50～60ぐらいですかね、一時は０に近かったですがね」

ということで、

「毎日０には私は絶対にできません。たぶん何処に行ってもそうでしょう」

というやり取りしていると表情がパッと明るくなり、

「なるほど。そういうことなら、落ち込みは随分マシになっていて、落ち込んでも仕事に行けていますもんね」

ということでした。

このように、患者さんの求める「良くなる」イメージを、早めに確認することは治療目的も確認することに通じています。ですから早めに、最悪１００として治療面接でどのくらいになるのを求めるのか？　を私は必ず確認します。

またこの聞き方は、心身込みの大体で良いので、漠然とした考え方を私は望んでいることが、何となくわかってもらえるきっかけにもなります。

因みに、慢性化した統合失調症の方の良くなるイメージは、極楽のようなイメージもあります。

第５章の終わりでも述べますが、本書で提案する方法の適応性は各種の神経症レベルまでで、ボーダーライ

ンのケースや統合失調症には別のアプローチを考えています。

触れておきます。

趣味や時を忘れるような事や物の確認

後の「やりたいこと見つけ」で細かく再度述べますが、この方法の大事な部分を示しているので、先に少し触れておきます。

私の考えでは、人の自然生存本能として、自分らしく生きたい、そして自他共に調和して生きたいという「深い願い」があると私は仮定しています（増井・池見、二〇二〇）。それはエロスという性的本能や他人への優越感という心理的な次元を越えた極めて精神性の強い第三の次元にあるようなものです。それはV・E・フランクルが言う意味への意志のようなもので、自分が考え作ったものでなく、あたかも何かから与えられると言えるようなものなのです。このことについては非常に大きな課題なのでここでは深くふれません（V・E・フランクル、二〇〇二）。

無論、この理論は私の感情移入をできるだけリファインしたのですが、これは理屈としても、人が何か自分がしたいことや自分を突き上げるものを求めて生きているのは、非常に健康な状態と考えます。

この突き上げるものがにじみ出たものが趣味や我を忘れて打ち込む何かの時間帯です。

すると、この部分を拡大することは、それに没頭することにもなり、症状は無くならないけれど影は薄れていきます。

この時、好きなことをボーリンクして夢中になれるものを発見していくことは、治療的探索となります。また、そのような探索により、症状への支配感を拡大した事例はたくさん提示できます（増井、二〇〇三ａ）。

因みにこの患者さんは、バードウォッチのためのキャンピングカーを見て回ったり、望遠レンズを選んで購入したり、感染予防になると思い至ることで、汚い物は、前ほど気にならなくなっていきました。

要は、私の提案により、その方の探索が始まることで興味が高まり、症状感が低下する、私の役目はその援助でしかありません。

5　分かりやすく説明する

患者さんが症状の成り立ちを知りたくて説明などを求められた時には？

この方の場合、比較的初期に、何故私はこうなったのか、訳を知りたいという希望が出ました。もうその頃は、冗談も通じ合う関係でしたので、私は、

「訳なんか幾らでもつけられますよ。例えば、あなたがいつか食べたイワシの頭を捨てたでしょ。その頭が怒っているからですよ」

「先生、冗談はやめて早く説明してくださいよ」

「しますけどね。昔の人はそう占い師に言われて、お悔やみのためにお祈りを一心不乱にあげて、挙げ句のはてに、その儀式に羊など高価な物まで供えてね。イワシの頭に詫びるのですよ、一心不乱になって祈った後で気持ちの悪さが遠のいたらしく、気分が楽になるという話、私は大好きです。なんか素朴でいいなぁって思うけど、それじゃ駄目みたいなので、これはあなたの話ではなく、教科書に載っていた一般論ですが、いいですか？」

「はい、いいです」

ということを確認したので話しました。

「人は大体自分にも他人や自然にも調和して生きたいという願望があって、それがどこかで完全に近いほどブロックされるとイライラしたり、怒りとなります。けれど怒れない時には、自然と抑え込みます。それが長く続くと、頭の働きが鈍くなって、時には、新聞を読んでも意味合いが分かりにくくなるようなことが続き、気分はドンと落ち込むことがあると教科書には書いてあったようです。このぐらいしか私には説明できませんけどね。それで良いですか？」

するとと彼は、

「もう一度言ってください、メモをとりますので」と言うのです。

「何か、役に立ちますか？」

「ええ、すごく思いつくことがあるので」

「けど、あまりに深刻に考えないでください。誰も好んでそうなっている訳ではないので…」

患者さんが知りたいように知る余地を与えます。このような話から、自分の会社でとても汚いことがあったことなど、いろいろ話が出てきて、多少とも患者さんにとっての辻褄が合ったような話がありました。

私は一つの便利な精神分析的フレームを学びました。これ一つで大概の症状は説明がつくからです。それは、誰でももっているだろう自他共に調和して生きたいという「願い」とその抑制によるアグレッション(aggression)～サプレッション(suppression)～デグレッション(degression)～デプレッション(depression)、ないしいろいろな症状というフレームです(増井・池見、二〇二〇)。

これを必ず一般論として、教科書に載っていたぐらいにしか話しません。決して、あなたのことではなく、という前置きをつけ、知るより気にならない方が治療上大切な要件ですよと前触れして話します。単に教科書に書かれているとして、あえて治療者と患者さんの関係において出てきた問題としないこととしています。

これは、明らかに、以前のように、知ることの深まりが絶望に至らないためにです。

私の治療的援助とは、症状から遠のいて、何か別の自分を取り戻せるような何かであれば、何だって良いのです。たとえ性的要求でもそれが犯罪につながらないなら、何でもありです。

6　やりたいこと見つけ——治療学は休養学です

私の治療論では、治療とは適正な休養により促進されるという事実に則っています。この場合、休養とは、なにも体を休めることだけを意味しません。やりたいことを見つけてできればそれを実行することも意味します。

抑うつ症の方は、やらなければならないことには敏感です。またその世界だけで過ごすことは心身ともに負荷が掛かります。抑うつ症とは、私に言わせれば、時には本当にやりたいことをやりなさいという自然からの忠告を受けている病気とも言えることを、必要に応じて伝えます（増井、二〇〇一）。

空想の利用

このやりたいこと見つけは、患者さんの内なる大きな「願い」を刺激する小さな出口を少しでも自然に開くような作用を帯びています。

抑うつ症にかかりやすい方は、真面目で自分の内なる要求を良くないこととして押さえがちです。そんな時、「仮に、五〇〇万円宝くじで当たったとして、それを一ヶ月以内に使いきらなければ全部返さなければならない、という決まりがあったら、あなたはどんなふうに使いますか？　もちろん、貯金とか、子どもの教育費に充てるとかは駄目ですよ」

という質問を時により、患者さんにします（増井・池見、二〇二〇）。

数少ないのですが、場合によっては「この先生、何を言い出すのか？」と言いたげな怪訝な表情にも出くわします。また、こういった想像がつまらなさそうでも治療に必要なことを伝えなければいけないこともあります。

まず、よく出てくる使い方は、二泊三日の家族連れの温泉旅行です。

「それは、かなり使っても四〇～五〇万として、残りはどう使いますか？」

という質問に、抑うつ症の方の困ったような顔をたくさん私は見てきました。

しかし、この問いかけをきっかけに

「そういえば、まだ叔父の墓参りにも行ってないので、この際、是非実家の方でゆっくりしてきたいと思います」

「この際、前からしたいと思っていたお遍路さんをして、いろいろな願いを歩きながら考えてみたいと思います」

などと、いろいろしたいことを早めにはっきり話す方もいました。

はっきり言う人は、すべて治りが早く、実家に帰った人は、帰って来るとすぐに会社に復帰して、「先生の言うように、やりたいことをやると心身ともに健康になると、よく分かりました」と言っていました。

女性がいっぱいいれば良くなりそうだと言う若い男性

静かな感じで、大人しそうな抑うつ症の若い男性の患者さんで、二ヶ月の病休をとっていた方でした。
「何かしたいことを見つけてみてください。病気など忘れてしまうぐらいしたいことを想像してみてください」と告げると、暫くうつむいて
「先生、本当に何でもいいのですか？」
と真面目に言うので
「心は自由だから、何でもいいよ」
「異性です。もっとはっきり言うと女です。それも何人も…」
と思いもよらないことでした。私はとにかく
「真面目に答えてくれてありがとう。けど、どうするかね…何人もとなると、お金がかかるし……」
と話しながら、大学院生の頃、当時深夜営業をしていた日活ポルノ映画を友人とはしごしていたことを思い出しました。もう三軒目になると、同じようなストーリーが入り混じって、眠いし同じような女優が出て頭がこんがらがって、「もう出よう」となりました。
　下宿に帰ると頭がぼぉっとして、眠いやら疲れたやらで散々でした。
　しばらく考えて
「よし、安い手を考えつきましたよ」
と言い、本人に
「いいですか…。私の知っているＤＶＤレンタル店に頼んでおくので、とにかくずっと観てください。切れめなく観たら、何か分かるでしょう。大体六〇〇円ぐらいで済むならいい勉強になるでしょう」

と言って、知り合いの店主にその旨を話しました。店主はニコニコしていました。

次の面接で彼に会うと、抑うつ症はどこかに行ったような顔をして

「先生、観ましたが、全部は無理です。もう頭がぼぉーっとして、やはりロマンはないですよ。ロマンがないとね」

ということでした。ロマンのあるような出会いをしたいと言いながら、次回会うと、とても元気そうに

「ロマン、見つけました。JRに乗っていたら素晴らしい女性を見つけて、そっと後からついて行きました」

と言うのです。話は省略しますが、

「結局、あなたが生まれて初めて女性に、お付き合いくださいと勇気を出して言えるなら、抑うつ感もへこんでいくと思うけどね」

と言ったら、ある日勇気を持って交際を申し込んだのは良いけれど、その女性は、彼に告白しなさいと言った、そんな洒落た先生に会ってみたいと言われたそうです。

そんな、こんなで、彼の抑うつ症状はとっくに薄らいでいました。

因みに、性的要求の低下やインポテンツと抑うつ感とはパラレルな関係にあることは、常識的ですが念のために示しておきます。

抑うつ症と性的不能に苦しんでいた方が回復してとても喜んでくださり、何かお礼をと言われ、再三断りましたが、それでも、と言われるので、松坂慶子のグラビア雑誌を頂き、まだ大事に持っています。

7　イメージで聴くこと

患者さんの話を聴くとは、特別な場合を除き、言葉を聞くことや理屈を聞くことではなく、心を聴くことです。それは基礎的なことで、皆さんは既に教わってきたことと思います。

例えば、ある患者さんが

「何か、妙な音のような声が、南の方から聞こえてくるんですよねぇ」

と話したら、

「南の方のどこら辺りから？」

と聞くと、患者さんも分からないのです。

「何か、南の方から音か声か分からないようなものが聞こえて、妙な気持ちがするんですよね…」

と言うと、

「そうです。妙なというか、嫌なというか……」

と、心や気持ちが出てきやすいでしょう。私の場合は

「その話をイメージで聴くと、私は、あなたが一人で静かに寝ようとするとその妙な音のような声が耳に入ってきて、嫌な顔をしたあなたが浮かぶようですが…」

というように、なります。すると患者さんは、

「嫌な顔というか、少し恐い顔というか…」

などと、より具体性を持って答える可能性は高まるかもしれません。

イメージで聴く利点は言葉より多義的な場面を示すことができ、患者さんはイメージを自分の気持ちに変えやすいので、私はよくイメージで聴き、その感じや気持ちを伝えます（増井、二〇一九ａ）。

例えば、

「あなたの話を聴いていると、何故か、三日月の夜、薄暗い砂漠に木があって、その根っこ辺りに小さな女の子がうつむいて立っている場面が浮かんでくるんですけど…」

と、私が述べると

「その女の子は泣いていますか？」

患者さんが問いかけます。

「うん、下向いて泣いているようです」

「そして何か考えていますか？」

「うん、泣きながら多分別れた母さんを探しに行くかどうか、考えているみたいだけど…」

「そうですよね…。きっとその子は、もう死んでしまおうかと考えていると思うの」

言葉で言うとそれでおしまいのところが、このようにイメージで聴いたり答えたりすると膨らみがあり、今までなかったような表現が出やすい特徴があります。

そういったイメージは、患者さんの言葉になるかならないか辺りの気持ちや漠然としたものをずっと聴こうと、体を楽にしてじっと聴いていると自然に浮かんできます。意識的に浮かぶようにすると作ったイメージとなり、患者さんの心を反映するかどうか疑問です。

ある子どもの患者さんの父親からまず話を聞くことになり、言葉より気持ちを聴こうとしてじっと聴いていると、不思議なことに声が私の斜め左上の方からスピーカーがついているように聞こえてきました。それをそのまま伝えると、父親はピタッと話を止めました。あとから母親に聞くと父親の話は、すべて都合の良い嘘話ばかりだったそうで、私の感じたことに感心したということでした。

また、声が私の胸の前でポトンと落ちることが再三ある患者さんがいます。自分の気持ちを取りだしかねている方なのだろうと思ったりします。

私は患者さんの話を聴く時、「うん、うん」と頷くだけの時がありますが、それは言葉と言葉に成りにくい気持ちの双方を聴いての「うん」なのです。そうすることで患者さんの心の流れを出来るだけ遮らないようにしたいからです。患者さんは私のこの「うん」が直観的に分かるのか、安心して次々に話を展開していきます。

しかし、このやり方がいつも良いという話ではありません。中には、いろいろ確認して、流れを止めたりする場合もあるでしょう。それは、それなりの流れで流れていけば良いことです。

スーパーバイジーが患者さんの流れが分からず、どの方向に流れたら良いのか見えない場合もあります。そんな時、私が「川の流れのここに、石を置けばいいんじゃない」と言うと、スーパーバイジーがなるほどと思い、そのようにして患者さんの流れが海の方向に向かい出したら、スーパーバイジーは、治療過程の中での適正な介入を身に付けたと言えます。

訊かれて話す場合もあります。

患者さんが、私の好きなタイプの女性のことなどをいろいろ訊いてくる場合、私は、最小限の話をして、患者さんによっては、もう少し話して良いかを確認します。

本当に聞きたい時は、患者さんの表情や態度や雰囲気で分かります。

いずれにしても、言葉にならない言葉、言い方や声や雰囲気や姿勢などをよく聴き、その場にふさわしい態度を取るように努めています。私の場合は、大抵、患者さんの心の開き方に合わせますが、正確には、その態度の二～三歩先の心の緩んだ状態で対応しています。ただ、これも正解はありません。

しかし、患者さんより緊張することは避けた方が良いと思っています。そのケース自体のもつ潜在的プロセスを動きづらくさせるように思うからです。

また話す場合は出来れば一般論を避け、私個人の具体的な出来事を語ります。これは、治療者自体が個性化するなら、患者さんも個性化しやすいと思うからです。これは、多分、そのような心遣いは無駄にはならないし、そうした方が言葉が生きるので、是非、そのようにされた方が良いとしか思えないからです。

8　良くなっているところを顕微鏡で見るように拡大して見る

言い方が悪いようですが、患者さんは一般的に、良くなることには欲張りのように思います。

「調子はどうですか？」

と面接始めに聞くと

「変わりないです」

と言います。また、少しでも悪い時は、

「数日前から食欲があんまりなく、体調はよくありません」

と言います。治療者として
「私としてはね、あなたに少しだけでも変わったところがあれば、顕微鏡のように拡大して見ることが大事になります。何か、少しでも思いつくことないですか？」

と、ふと確認したくなる時に聴くようにしています。

患者さんはしばし考えた後
「そう言えば、先週かな、ふっと気が向いて、犬を久しぶりに散歩させようと思い、散歩しました」
というようなことを言います。私はすかさず言います。
「あのね、良くなるということは、あなたのいうふっと思ったことや今夜は何となくラーメンを食べたいというような、ふっと、とか、何となくやりたいことをやってみるという、何となくの積み重ねが良くなることにつながるのですよ。今夜、何を食べたいか？　少し想像してみてください、お金はたっぷりあるとしての話で結構なので」
すると
「先生、お金がたっぷりあるなら、フランス料理ですよ」
などと言う方はとても健全な人です。

たいていの患者さんは、首を傾げながら、中々答えがでません。

こうしていくと、徐々にしたいこと見つけに通じていきます。

9　手のつけやすいところから手をつける

子どもが一〇年以上引きこもっていることで、見るからに優しそうな父親の面接が続きました。その日は何故か子どもと一緒に来ていました。面接室に居るだけで嫌になったら自由に出て行っていいからと息子さんに伝え、父親とたわいないことを話していました。

記憶に鮮明なのは、息子さんは直立不動のセメントで固めたような姿勢で、ずっと目を閉じているのです。そして、時には仁王様のような目でうっすら一点を見つめている様子でした。

しかし彼が、父親と一緒に外に出て、待合室で人前に身をさらすことができただけでも大きな変化でした。それから、毎回父親に付いて来るのです。そして、面接で趣味の話になった時父親から「先生のヨットはもう売られましたか？　実は私、以前スナイプクラスのヨットに乗っていたんですよ」という話になり、私は驚きました。父親が嬉しそうな笑顔で、こんなことやあんなことを話し出すと、彼はいつもの怒ったようなセメント顔からごくごく普通の微笑まで浮かべた顔にたちまち変化していきました。

父親は隣に座り彼の表情など見えないのですが、父親が好きなヨットの話や若い頃弾いていたギターの話など語りに熱がこもるほど彼の微笑は豊かに変わっていきました。

それから父親が楽しめる会話を進めていくうちに、彼は目は閉じたままですが小さく頷くようになりました。

父親にワクワクするような話の大切さを私がこっそり伝えながら、これからの面接に注目したいと思います。

このように父親が自己感覚を取り戻して、子どものことばかり気にしないで動き出すと、子どもも少しずつ自分らしく動けるようになってきます。
この面接のように、手のつけやすいところから面接をすることが大事で、親が変われば子どもも変わります（増井、二〇〇二ａ）。

随分昔の話ですが、思春期の外来を担当する先生が少ない頃、思春期外来という看板を出して開業している先生がいました。私とは個人的な付き合いはなかったのですが、正直なところ、他の方の評判が専門家の間でまちまちでした。

そして間もなく、ある母親が、そこに相談しに外来を受診したのですが「お子さんと一緒でないと治療はできない」と言われて、私達の精神療法外来を受診されたと聞き、私は驚きを隠せませんでした。

なかなか身動きがとれなくなったりしているお子さんにとって、病院への敷居が高くなっている現実があります。そして、何より親自身も明らかに困っているのです。

私は常日頃、母さんが外来にきた場合、母さんが変わることで子どもたちも変わることを当たり前のことと考えていました。

事実、母さんが変わることで、長年の閉じこもりから抜け出して、自分一人で私の外来にきて、面接を受けている方が今だけでも、三名います。

だから、外来に来られる方から手を施して、そのことが困っている子どもに繫がっていきます。

親が変われば子も変わるというのは、カルタの文句でなく、臨床的な事実なのです。

この場合私は、親は物事に困り果てた患者さんとして扱います。

そして、親としての苦しみを深く理解されて、親が明るくなっていくことと前後して、子どもが外来に付いて来て、親の心配事に治療者がどう対応するのかをよく見て、子どもなりに何かを感じたり、考えたりするようです。

このような閉じこもりや抑うつ症や子ども全般の情緒障害の場合、お互いの生き方や態度などに気をつかいすぎ、それぞれが動きづらくなっているようです。私の言葉では、相互支配的関係念慮と言っています。言葉にはせずとも親は自分のことを忘れて子どもの言動を心配し、子どもはその親の心配についてあれこれ考えるという互いの言葉にならず意図的でもないような心配のし合いによって身動きがとれない状態が固定化している場合が大半なのです。その場合、親自身、子ども自身という自体感が薄れていたり、未発達で思ったようには動けません。

それが顕著に見られる場合には、きつい言葉ですが、お母さんに対して時には「子どものことはほうっておいて、少しずつ自分のしたいことをする方が、お子さんも良くなってきますよ」と言います。ある母親は、先生にこう言われたと子どもに伝え、子どもと話し合って三時間ほど外出することができました。そして、河原で水の流れを見て一時間ほど泣き続けたそうです。それを子どもに話すと、子どもも少しずつ外出するようになり最終的に互いが自分の行動ができるようになりました。このようなケースは少なくありません（増井、一九九九a）。

このように、子どもが居ないので治療ができない、という意見は、臨床的な事実では決してありません。

10　性格を変えようとせず、環境を変えてみる――架け橋としての治療者

およそ一〇年以上前のリサーチですが、うつ病が以前より増えている、と感じている医療関係者はそれまでの結果より一〇倍も多い、という結果が掲載されていました。文献は忘れてしまいましたが、確か産業医学関係の文献だったような記憶があります。

疫学的にうつ病が増えていることを証明することはたいへんですが、増えていると思っている人が増えていることは簡単に証明できます。

持論として、大人版の不登校が成人のうつ症状ないしうつ病と考えている私は、不登校の親御さんに、「早めに不登校になって、かえって良かったですね。今、免疫をつけておけば大人になって重い抑うつ症にかからずに済むだろうと思ってください。大人になってからかかると大変な苦労をしますからね」と説明することも時にはあります。

今は、長年に渡る閉じこもりが少し増えている気がしますが、抑うつ状態の慢性化のような方も多く、今現在、六名の一〇年以上の閉じこもりの方と関わっています。

私は比較文化学が好きで、一時それにのめり込んだ時もありました。九州大学のある有名な先生が青年期のカルテから戦前戦後の主訴を調べ上げ、戦前は赤面恐怖が多いので恥の文化とし、戦後の対人恐怖が多いことを恐れの文化とした研究など、何度も読み返していました。

文化的にみると、私がカウンセラーとして勤務していたM化学工場のような大企業は、お利口さんで成績抜群な抑うつ症に親和性のある方の集まりです。だから、当然なことかも知れませんが、産業カウンセリング室の

評判が高まるほど、予約表は二ヶ月以上先まで満杯になるようなことが続きました。
心理療法スタッフは私の仕事を手伝うために、非常勤四名で切り盛りしていました（増井、二〇〇一）。

このような多くの患者さんに、自覚や自己の弱さなどの理解を求めて自分のあり様を変える面接は不可能に近く、自己の利点や性格に合う職場を別に探すことが必要になってきます。

というのも、患者さんの七割以上が今の職場に適応しようとして無理しているような人で、仮にどのような職場が自分の利点を生かせる部署なのか聞いてみたところ、多くの方は、別の部署でした。

そこで必要となるのは、医者の診断書と私の意見書でした。診断書の方は近くの医大精神科の優秀な先生がいて私の馴染みでしたので、投薬も診断書も気軽に依頼できました。

また、予約時間帯にご本人の意向に添って私と一緒に部署変更のための文書を確認して、宛先の希望を聞きました。

この時、気をつけているのは、必ず治療者の方が

「○○○宛に意見書があった方が良いと思いますが…」

と先に提案することです。患者さんはそれを希望していても言い出しにくい方も多いのです。それに、先に提案することで、そんなふうにまで自分のことを分かって考えてくれる、共感してくれているのかと患者さんは思うからです。その本人と一緒に、ああだこうだと話し合いしながら意見書を作ることで、行為レベルでの共感となります。

事務レベルの仕事と割り切らず、治療者が家に持ち帰り、一人で作らないように今でも私は心がけています。必ず患者さんと話し合って作ることに意味があるからです。

そして患者さんにその書類を誰に渡したいのか希望を聞きます。その時、「誰でもいいので、あなたがその書類を渡したい人は誰か？」を確認します。誰でもいいこと、人によれば妻や親や友人だったりする時もあると説明して、その希望の分だけコピーをとり、社内便などで送付します。

本人が直に手渡したい人は誰もいませんでした。

また、場合によっては異動希望先か元の職場の上司が「話を伺いたい」ということで面談をする場合、無理でない限り本人の同席を求めます。

それは、万一、本人の思いと違ったことを伝えてはいないかのチェックもありますが、やはり、私の共感的理解を客観化して、社会的に有効なものとする作業を見てもらうことで、それ以後の患者さんとの治療的面接の信頼関係の構築になるからです。

私は一時、このような仕事を「実務としての心理療法」とし、我々が日常行っている心理療法を「虚無（心）の心理療法」と分けたぐらいでした。

約二〇年以上非常勤で務めましたが、何枚このような書類を書いたか分かりません。

しかし、関西から来ていたスーパーバイジーから、「先生が勤めている会社の精神衛生の満足度は日本では一番でしたよ」と聞いた時は、ホッとすると同時に、やはりこのやり方に間違いはなかったという安堵感でいっぱいでした。

神田橋先生が

「心理臨床家は、やはりこまごまと動くことが大切です」

と時々呟くように言っておられたことを思い出します。神田橋先生から電話で「患者さんの兄さんと何度も話して喧嘩もしたよ」と聞いたのも印象的でした。

いろいろな適応上手な「上司」がいました。

素直に述べますが、神田橋先生がその昔、呟くように、「なんとか長と呼ばれる人に、まともな人少ないねぇ」と私にぼやいていました。

私はいろいろな上司に出会いましたが、患者さんが上司になった方が随分ましと何度も思いました。肝心の「私も一人の人間です」という患者さんの心の声が飛んで来て、上司のざらざらした粗雑な感性がどことなく肝心な思いやりに欠けてしまっているのが分かるのです。

私は一時、「無能力者出世論―出世したきぁ人間やめなさい―」という本を出そうかとよく思いました。時間があれば書くつもりで、今でも思っています。

11　問題を容れ物に入れてどこかに置いておくこと、距離をおいて自分を眺めること

ある時から英語のスペルを発音するような言葉しか話せなくなった少年は、いろいろな嫌な問題や言葉にならない嫌な感じを薬剤の箱に容れ、その置き場を探すのに、病院の外に出てあちこち探し回りました。結局三〇分近くかけて探し回って、野球場のベンチの奥の方に置いてきました。高々、問題を容れた箱にそのような時間を使うのは無駄ではないか？　という方もいるかも知れません。しかし、三〇分近く、自分の問題に関わり、その置き場に拘ることは、普通の面接ではできない治療的な行為であると私は考えます。

何か患者さんが言葉にしにくいような感じを適当な容器に入れて、その問題の適切な置き場を探すことは、それ自体、意味深い内省を伴う治療的な作業として、私は比較的言語化が難しい無口な方や小さな子どもさん

などによく使います。

この方法は、嫌な感じを包み込む空想や包んだものの置き場を空想で行うこともできます。しかし、実際になんかビンとか箱を部屋に用意しておいて、その中に空想で、独特な感じを入れて、ないしは最初は入れた「つもり」になって、その箱の置き場探し、を主な目的として行います。問題との心的距離を発見する自己感覚の回復が求められる患者さん達に、私は勧めています（増井、一九九六）。

理由は治療的な意味合いが強く、適当な置き場に問題を置いてきた後の表情がとてもいいからです。

また、ある箱に入りきれない場合はもう少し大きめの箱を準備する必要があります。

また、面接の時間内に収まらない話がある時もこの箱の中や事務用品容れものの中に、話し切れない気持をきちんと入れて、面接の終わりとします。

但し次の面接で以前の箱を取り出したりする患者さんは、私の経験する限り、誰も居ませんでした。患者さんが
「なんか、こううまく言えないのですが、嫌な感じがしてですねぇ」

などと話す場合は無理に言葉にせず、箱の中に入れてどこかに置いておくことはとても意味ある治療的な介入と思っています。この置いておくいろいろな方法は増井（一九九六）に示しています。

また、様々な問題を持っている自分への理解や自己感覚をより深めるために、問題を持っている自分を少し距離を置いて眺め、適切な声かけをすることもあります。

臨床適用は増井（一九九六）に細かく記述していますが、患者さんが口下手な方や問題が多くてうまく表現できない時や、患者さんが、今、自己感覚を明確にしておいた方が良いと治療者が判断した場合、

「問題を沢山抱えているあなた自身の理解をもう少し深めて、心を多少ともゆっくりさせる方法があるのです

が、やってみますか?」

というふうに確認して、患者さんがイエスなら、治療者が患者さんに肩に触れることを告げ、

「ここに、いろいろな問題を持っているあなたが居ますね」

と肩を少し押さえて確認して、

「その問題を持った自分がこの椅子に座っています。その自分をここに置いたままで、このまま居ると仮定して、そっと、そこから抜け出します。そして適当な距離と思える所から、問題をもって座っている自分を眺めてみてください」

と告げて、患者さんが悩む自分を適当な距離から眺めるのです。その時、

「そこら辺りが適当な距離ですか?」

と確認して、少し横とか、もう少し離れた方が良いとか、その距離感を丁寧に尋ねます。そこから、悩んでいる自分が「うんうん」と頷くような簡単な声かけをします。例えば
「今苦しいけどもう少しだけ頑張ってみようね」

などと声かけして、悩む自分が頷いているかを確認します。

この場合は、悲しげな顔をしたまま頷かないのであれば、また、頷くような声かけをします。

この時、治療者が
「例えば、苦しいねとか、心に浮かぶ簡単な声かけで良いのです」

と言って、患者さんの声かけをサポートすることが大切です。すると、

「悲しいので、一緒に泣こうねと声をかけたら、相手は頷きました」

ということになったりします。

そして、声をかけた自分から、また抜け出して、適当な距離からその自分に声かけして、また抜け出して、適当な距離から声かけして、大体終了します。

だから、悩む自分から離れることを体感するとともに、何回も抜け出すことにより内省が自然に深まります。自分自身が素直に頷ける声かけにより、極めて安全で自己援助的な深い内省となります。

この声かけは、ぴったりするほど正確な自己共感と自己理解となり、必ず、患者さんの心地良い、深い安堵感を伴う脱力をもたらし、極めて平穏な気分になります。

ほとんどの方は多少の差があれ気持ちが平穏になるので、是非マスターしてもらいたい技法です。

12　自殺予防

うつ感情が自己に向かうとリストカットをはじめ、拒食症や自殺願望や自殺などの問題となります。自虐行為や自殺などの最も安全な予防方法は入院です。

私はまずは、熱心に入院を勧めます。死ぬ権利は患者さん自身にあることを認めつつです。しかしそれを防止する権利は親族一同にもあります。しかし、自殺を心配し人について回ることは不可能です。

幸い自殺を考える方は、あまり人に迷惑をかけないように死にたい、と願っている人ばかりなので、「本当に人に迷惑をかけたくないし、その上、あなたの心の奥底には、自分らしく生きたいという大きい願いがあるので、入院してゆっくり考えてみてください」と熱心に私は入院を勧めます。

経済的に立ち行かない場合は、腕のよい、または熱心なケースワーカーに同席してもらうか相談に行くことを勧めます。

本人が生活保護申請に行き断られたから自殺まで考えている場合は「本人が行くことは断られに行くようなものだ」と諭して、専門職から申し込みさせることです。だから私達は、ソーシャルワーカーと各地区に数名は知り合っている必要があります。

医療費も最低限に押さえることも知っておく必要があります。

そのような社会資源を最大に生かすことで自殺を思いとどまる場合もあります。

しかし、職場から給料をもらいながら、入院を拒み「死にたい」を連発する方もとても多いのです。

だから、「本当に死にたくなった時は、いつでもいいのでメールしてください。そして、次の面接までは絶対に生きていること」（増井・池見、二〇二〇）を確約して、次の面接の時は、

「とにかく生きること。今は、事態は絶対変わらないと思っているけど、そう思うのも症状の一つで、必ず事態は変わるので、死にたい時はメールするように……」

と私のアドレスを教えた患者さんは多分三〇人は下らないと思います。とにかく生きてほしいと、こちら側の強い願いとして伝えます。

そして、最後の方法としては、一緒に遺書を作ることです。その時の遺書の中に、私がどれほど自殺を止めたかについても書き込むように話します。そしてゆっくり死んだあとの自分のことや家族や周りのことを一緒に考えていきます。できあがった遺書をコピーして、次にまた生きていたら会いましょう。ということで別れます。この遺書作りは余程関係の深い患者さんに限った方が良いと思います。

この遺書は二名作りました。

そして、結果的に自殺及びその未遂は0ということを内心、本当に良かったと思っています。

この一連のことに対し

「そこまでするとこちらの身がもたない」

という方は、できるところまでで結構ですので、して欲しいと思います。

何故、このように、自殺予防をするのか？　と、自分自身に度々尋ねてみました。

答えはいつも同じです。患者さんへの深い思いと重なり患者さんが自殺することで自分自身が死にたくならないように…です。

私の中で一つのイメージが固定しています。

家族の都合で私の外来に来られなくなった、ある女子高生のことです。彼女はピアノ演奏が優れていて、様々なコンクールで優勝した経歴もあります。大学受験で彼女は音楽関係では日本一の大学に進学できる学力も演奏能力もありましたが、家族はその遠くの大学に行かせる経済力がないということで発症した抑うつ症で、私の外来の門を叩きました。

彼女はいつも憂いをこめた深い眼差しで見つめ、その涙が顔面を巡るような微笑と笑顔と人なつこさが印象的な人でした。

幸い、なんにつけても気持ちが合い、コンクールで優勝した時のチャイコフスキーのピアノ協奏曲の録音テープを私にプレゼントしてくれました。専門家に聞かせると、ピアノ技術より表現力が凄いから、まだまだ伸びるという評価でした。

年末には年賀状作りのために研究室まで来てくれて、あれこれ話をしながらの作業も楽しかったのです。

このようにして自殺願望がピアノの先生になりたいという気持ちに変わろうとしていた時、家族の都合で、都会への引っ越しを余儀なくされました。

「都会では、このようないろいろな人からの思いやりが少ないかもしれないから、友人をつくるなりしないといけないよ」

とアドバイスして別れました。それから一年半が過ぎ、彼女は都会から郷里に帰り、私の外来のある大学近くの川で自殺されました。私宛の
「先生ごめんなさい。さようなら。ありがとう」

という手紙を読んだ矢先のことでした。私は夜中にその川に行き彼女を探しました。


また、仲良くしていたユーモアたっぷりの学校の先生だった患者さんも、私の転勤反対の意見書を担当医がないがしろにしたため、都会への転勤となり、私が学会の時に様子を伺うと彼の担当医師が
「ああ、あの方は亡くなりましたよ」

と素っ気なく言いました。私はどれ程の気持ちでそれを聞いたか分かりません。

私の場合、私の担当から離れる時が最も危ないのが現状です。

多くの治療者が人の命を保つことを親身に願えるようになれるのは、いつの日か？　と思うことは、何度もありました。

13　理論を信じず、その場の自分の体験を信じよう

私達の時代、九州大学の本格的な臨床体験は大学院生から始まりました。それは、私の希望もあり入院病棟を持つさまざまな精神科病院で週一〜二回行き、外来や入院患者さんの精神療法を専門にしたものでした。物価を考慮すると、今のスクールカウンセラーより高い謝礼もいただいていました。

また、第1章にも述べたとおり、より臨床的な場面を求めて産業医科大学医学部に奉職して附属精神科精神療法外来を開設し、一〇数名のスタッフと仕事をしながら、他の精神科病院やM化学工場でもカウンセリングを担当しました。

その当時の仕事はクライアントが一日最低五人、週三日臨床づくめで、のべ、五〇余年間でざっと計算してみたら少なくとも四万回の面接をしたことになります。

その間、紆余曲折ありましたが、全ての理論と理屈を全部棚上げして信頼できる事実、実際起こっていることだけを見ると、そこには患者さんと治療者と言われる二人の人間の内面があって、互いに相手の言葉や言葉にならない雰囲気などについて何かを感じ合っていて、そこに相互の交流関係があるという事実しかありません。

治療者がどれほど、多くの理論を知っていようがいまいが、患者さんにとって大事な要件とは、目の前にいる治療者と言われる人がどんな人で、自分のために役立ってくれるかどうか？　また、自分を大切に扱ってくれるかどうか？　などでしょう。

治療者の役目は、相互関係において患者さんより僅かに己の心が開かれているという事実にしかありません。

だから治療者が己の心を開いてその場にそれを投げかけることが可能です。

私は、その丁寧な投げかけこそが面接を治療的にする、いわば最も人間的で早期に患者さんの心を軽くするという事実を毎日のように体験してきています。

例えば、患者さんからの
「先生の若い頃の異性の友人関係を少し聞いてみたいのですが……」

といった質問に、

「若い時にね、午前と午後に分けて、私の下宿で女性に会う約束をしたところ、午後の方が早く来て鉢合わせとなった二人が意気投合してしまってね。二人から私は責め立てられ、挙げ句の果て二人が一晩私の下宿に居座ってしまい、私は友人宅に泊めてもらってね。友人がまた面白がって、私を馬鹿にしてね。まだ覚えているよ」

などと話をすると、

「先生、面白いというか、変わり者だったんですね」

と患者さんは言います。私は、

「変わり者というより、ある種の馬鹿だったよね」

と言うと、場が和み、うっすら笑いさえ起こり、緊張は緩みます。そして、「実は……」と、患者さんの話が出てきたりします。

このようなことは私の面接では頻繁にあります。「自己開示」等の言葉は、「素直に己を語ることの治療的な実践」などと表現を変える必要があります。すると、患者さんの心も開きやすくなるからです。

私自身の好きな言葉ですが、「一体自分を語らない治療者にどうして己の心を預けられるだろうか？」というＥ・Ｈ・エリクソンの言葉があります。

また、この事実を少し経験して、患者さんの言葉にならない心を聴こうとすると、その場における自分の直感や言葉になりにくい感じや患者さんの言葉にならない心を聴くことが、深い理解と共感のもとになることが分かってくるでしょう。この二人の互いの自分自身についての語り合いこそ、我々が見落とし、忘れてきた重要なことで、それは理論でなく事実で、素直な心ひとつの語り合いが我々人間が変わる大事な要件であることを学び直すことが、さまざまな理論が行きかう今だからこそ、患者さんのために必要だと痛感しています。

心理療法とは難しい理論で成立せず、簡単な事実からしか成立し得ないものなのだ、ということを示したいと思います。

14　直感を信じること

仮に自分の中に患者さんが良くなってもらいたいという気持ちが確実にあるのなら、あなたの直感を信じ、それを丁寧に、時には言葉にすれば良いと思います。

時々、スーパーバイジーがある事例を出してその対応を尋ねられた時、私は

「あなたが患者さんにそう尋ねられて、あなたの直感を信じるとしたら、どう感じていますか？」

「私の直感では、少し待てと言っているようです」

「それなら、どう伝えますか？」

「もう少ししてから話す方が良いと思いますけど…と言います」

その後実際患者さんにそう伝えると安心したように納得してくれたそうです。

このようにすると、ほとんどのスーパーバイジーの対応は的確でした。加えてスーパーバイジーには、このような話をします。

「そうですね。あなたの直感的な感想を信じることは、自分を信じることですね。直感への信頼は治療者としての自己信頼ですね。するとその信頼から出る何か、例えば、落ち着きとか、私はよくほほえむ癖があるらしいけど、それらの何とも言いようのない信頼感のような何かが患者さんに伝わると私は思います。

答える内容より治療者として自分を信じていることを、患者さんは面接全体で感じているように思います。だから、自分の直感を信じる治療者は、患者さんの直感を信じ、患者さんはその全てを感じ、両者が言葉にならないレベルで信じ合うことができると、私は思います。また面接中のあのしっとりとした湿り気のある面接感覚やあの患者さんの深い頷きや微笑は、何処から出てくるか？」

と、私は皆さんに問いかけたいのです。

恐らく、患者さんの話を聴いている時、治療者にいろいろな感じが浮かんで来ますが、患者さんがこのように問いかけてほしいという僅かな何かが、私の心のボタンに触れる感覚から、それを少し言葉で伝えることで患者さんの自分への問いかけが生まれくるようです。

面接は、経験により事務的になればなるほどつまらないものとなります。しかし、患者さんが押す私の心のボタンの感覚に従った面接は、私の心も深く静かに流れる川を、底も表面も地形のままに流れて行く心地良さがあるとも言えます。

また、患者さんも生き生きして、軽い足取りで帰って行きます。

この心境は心身一如とか、他の西田哲学の中にも窺えますが、そのような表現は何か特別な体験のように思われるかもしれませんので、ここでは触れていません。

できるだけ具体的に言えば、面接前に、以前の事ごとをすべて心の脇に置いておくこととか、全部忘れて、できるだけ真っ白な気持ちで始めることです。だから以前のカルテなど、私は敢えて見ません。

最も正確なカルテは、患者さんが持っていると私は思います。また、できたらカルテ書きはその担当者に任せます。私の場合、今のところは妻がカルテを書いています。それができない場合、面接終了後、私の印象のような言葉を簡単に書いています。

妻やカルテ記入者がいると面接の邪魔になると思われることもあるでしょう。しかし事実は逆で、患者さんは面接終了後に妻やカルテ記入者に感想を求めたり、かえって気楽に話せたりします。

心をできるだけ真っ白にして、患者さんの述べた言葉に聴き入り、時々数秒か数十秒間は言葉にならなかった心の声に聴き入ります。

無論、その間患者さんの言葉は聞こえません。こうして、ゆっくり言葉と言葉にならない心に自分の気持ちが漂いやすい状態を作ると、そのゾーンに近い気持ちにはすぐになれます。

あれこれ考えず、論を立てず、ただ患者さんの言葉と言葉にならない心とそれを聴いていて私の心に湧いてくるいろいろな感じや気持ちの三つを同時には聞けませんが、かなり短いタイムラグであるはずです。

このように言うと友人や後輩から、

「それは増井さんだからできることで、俺達には無理無理」

と何度も言われました。しかし、それは違います。

まず、いろいろな考えをほうって置いて、ただぼおっとして患者さんの言葉と言葉にならない心のような世界を聴き、そこから湧いてくる自分の感じや気持ちを聴くのです。

実際、やってみると多少とも試行錯誤はありますが、いろいろな感じが感じとれるようになります。

また、立場を替えて、そのように聴いてもらう体験をすると、その治療的面接の元来あるべき姿、原型を体験的に分かりやすくするようです。

例えば、スーパーバイズでも私はそのような聴き方をします。すると、そのような聴き方を体感したスーパーバイジーは、何となく患者さんへの聴き方も同じようになっていくようです。

そのような聴き方で患者さんが良かったなら、それを何度も繰り返していると、自分がそのように聴いていることに気づくのは容易です。

自然という世界を説明すればするほど、自然から遠のいていくという矛盾に似ていますが、ある意味で、おばさん達が群れて井戸端会議をする時と同じような状況とも言えます。そこには、言葉と笑い声が吹き出ています。言葉自身と気持ちが持っている力に満ちています。

そのような世界とあまり変わりません。自然に浮き出す言葉と沸き立つ雰囲気と皆の関係があるだけ、とも言えると思います。それを静かなバージョンとして言葉になったりならなかったりと想定すると、分かりやすいかもしれません。変に理屈を考えずに、全て、自然にそのまま、感じとればいいとシンプルに言えます。

例えば、患者さんが
「孤独で、寂しくて怖いです…」
と繰り返しても、その孤独という言葉に私がそれほど寂しさを感じられない場合、心の感じるままに伝えます。

「少し話を遮って悪いのですが、私にはあなたのいう孤独という言葉に、それほど身を切られるような寂しさというより、何か大きな教会に独り居て、後は何をしようと勝手というような、少しだけど余裕があるというか、そんな感じがするのですが、いかがですかね？」

すると患者さんは、首を傾げながら

「そう言えば、寂しいと思うより、一人勝手に何でもやれるから、何となく自分勝手の自由が寂しいという言葉になっていたのかもしれません」

と少し顔を輝かせて話すのです。このような面接は少なくありません。

これらの感覚が発生しやすい心の状態は、漠然としたままで何も考えずに、患者さんの言うこと、言わないこと、患者さんの生気や生きる心全体をボーッと聴いていて、自分に湧いてくる感じや言葉を待っていれば、すぐに現れてきます。皮肉なことに、フロイトが言う満遍なく自由に漂う患者さんの連想を聴けと言えば、それにとても近いのかもしれません。

言葉になる世界とならない世界を、少し拡げた状態がいわゆる、ゾーンに入ると言える世界のようです。

15　ドタキャンあり

私の方法の特徴はドタキャンあり、ということです。

無論、病気や急用のキャンセルはありえますが、それ以外にも、その日にどうしても行きたくない時にはキャンセルしても良いと、できるだけ早めに伝えておきます。

これは、拒否したい時に拒否できやすくなるという目的があるからです。拒否を保障し、拒否能力を高めます。

拒否とは、私は嫌だという自己活性化と密接に関係する行為です。それを前もって示すことはこの面接を受けやすくする一方、安心して拒否して良いことを大幅に認めていることを事前に知ってもらうためであります。無論、神田橋先生のスーパーバイズもそうでした。私もそうする方が良いと思っているだけで、このドタキャンありは一般性をもつことは難しいと思われる方が多いかもしれません。例えば医療保険がきかない有料の面接の場合です。

第5章 「人間性」探求の意義

二〇二三年の横浜での日本心理臨床学会大会のテーマを見ると「臨床心理学の新たな多様性を拓く」とあり、そのプログラムを見てもまさに百花繚乱の感があります。

心理臨床の新たな多様性や手広さも、華々しさも結構な話ですが、あまりにもいろいろな花を付けすぎると、いかに樹齢四〇年の大木と言えども木の根っこから、咲き誇る花まで充分な養分が送れているのか、とつい心配してしまいます。

人間という対象を拡げ過ぎると、それは、単に言葉だけの、にんげん、となり、人間の人間たるところの諸々の人間性が薄くなり、言葉だけの乾いたものになっているようなニュアンスが感じられます。それに、意図なく人間軽視や人間デジタル化が始まってはいけないと思います。あたかもＩＴが語る人間のように、です。

このような時、如何なる心理臨床の分野であれ、そこには、人間という大きなへそが在ることを忘れないことが研究を豊かにするでしょう。

心理臨床学では、未来学という分野がありません。ちなみに経済学、哲学、文化人類学から未来に大事な課題や問題についての文献を当たってみると、二〇三五年の社会における重要課題として、歴史などはＡＩに任せられるとしても、文化、社会、教育的に重要な課題は「自分らしさ」と「他に対し異論を唱えられること」とあります（トッド他、二〇二三）。

これは正しく人間学そのものの課題であることは、指摘しておきたいと思います。

我々が人間で在ることを忘れて、勝手に便利な言わば近代的なテーマや技法に彷徨う時、人間不在の反動は必ず人間不在の虚無感のようないろいろな形の違う弊害として起こってくるでしょう。

話は変わりますが、私は過去二回◯◯学派と言う言葉を使いたくなりました。

まず精神療法は自己学であることを述べた時です（増井、一九九一）。

「自己学としての精神療法」とタイトルをつけると表現的な聞こえも悪くなかったのです。

しかし、私自体は、派閥という言葉もあるぐらい、何とか派、と言う表現が生理的に大嫌いでしたので、正に自己矛盾の状態だったのです。

何とか派と聞くと、その団体の決まりに従うことは当然ですが、私はこの種の決まりに従い、それを忖度することが嫌いであり、合理的判断の害にさえなるようです。この嫌さには生理的な無意味な「権力」に対する嫌悪感さえ含まれています。

その理由の一つとして、私は両親に好かれて自由に育てられ、好きなように生きかつ述べることを望んでもらったせいでもあると思います。

学派を造ると、そこでの問いかけやその返答自体もセットとなって正解となりがちで、これでは、問いかけの本来の意味と機能に対し有害でさえあると言えます。あたかも、戦争を正義とした時と同じようにです。

ある問いかけへの返答は、バラバラなことが大切で、それは天皇陛下万歳の時代の返答の同一性を強要する過ちを見ても明らかです。

私が人間学に拘るのは、実は、その根底にある思想は日本国憲法と深く関わっているからです。特に、個の尊厳や表現の自由や民主主義などと深く関わり合っており、その根底にある人間尊重は治療論の根底にある重要なものだと思っているからです。

私達の心理臨床的な問いかけには、論理的な数学とはまったく違い、心理的なものの正解は、問いかけられた当人にとっての正解めいたものしかありません。

だから心理臨床に関する問いかけへの答えは、個人により異なることが大切です。そこでは、個性的な特徴を伸ばすための素材が豊かに存在するのです。

そんな時、学派というニュアンスは時として有害でさえあります。

そのようなことをふまえてあえて私が「学」を唱えたくなりました。

本書のサブタイトルは「新人間学として」です。

今までのロジャースの人間学に基づいた理論を具体化する方法が極めて少なく、かつ哲学的な表現でなく、もっと具体的な方法を構築する方が良いと考えたからです。数えきれないほどの面接であれこれ試行錯誤してみていきついた治療的面接に有効な具体的な方法を述べたのが本書です。

しかし、ロジャースの人間学に基づく理論はそのものが態度であり、それが技法でもあると私は考えます。それ故に人間学により具体的な方法を持ったものを、私は新人間学としました。正確には、人間学的方法論とした方が良いかも知れません。

しかし私の臨床の世界はやはり、住所ぐらいは明確にしたいため、「新人間学」となりました。

また、新しい家を提示する時は、その大まかな場所や家の特徴を知らせることも必要です。

私の論の住所は人間学的な理解論と人間学的な治療論です。

その家の特徴は、自分の苦しみに対していろいろな具体化した方法を持っているところです。

だから私の治療的面接の世界は人間学的な治療方法に新たな可能性を示したものとしたいのです。そのような考えと思いで、「新人間学として」という主題にしました。

私の多くのスーパーバイジーは他人から
「あなたは何派なの？　精神分析派なの？　それともロジャース派？」

とかグループの中でもろに聞かれるらしく、

「まさか増井派とも言えず、困りました…」

とよく言われることがありました。

私自体は心理臨床家へのアンケートの最後の、その他の項目に「私なりの工夫する立場と方法」といつも書きました。

実際には、自分なりに方法を考え心理臨床の場に望んでいる方は、とても多いと思っています。しかし、今の心理臨床では、○○学派とかカテゴリーを分けることが容易なので、何の学派にも入らない本来あるべき姿が認定されていないのです。

この事実だけでも今までの心理臨床論は、旧態依然とした保守的な派閥的な発想をしていることへの病識さえないと思います。

アンケートや個人的な質問では必ず「あなたの治療的立場は？」として、精神分析、行動療法…とか記されています。

自分なりにコツコツ臨床している人達は、それがまっとうな道なのに亜流と思われる現状の姿があり、如何にもその道順がオーソドックスではないようなカテゴリー分けは、新たに自分なりの方法を求める人は道を間違えているような錯覚に陥ります。それでは、若い人を旧態依然のものにしがみつかせる作用しかしていないことになります。

もっと頭を柔らかく、人間、を見ないととんだ閉塞感に陥ることでしょう。

保守にまわると楽でしょう。しかしその中には、とんでもない誤った考えがあります。改革していくことは大変ですが、その中にも新たな事実がいっぱい隠されています。

通常、「面接室以外で患者さんと会うのはいけない」という考えは、何となく支配的ですが、この考えもやはり事実の根拠が薄い、言わば、中立性というあやふやな理論に基づいているようです。しかし、患者さんが望み、私が治療関係を良くすると考えれば、当然のように面接室以外でお会いします。

この面接室以外で患者さんと会う際の私なりの原則めいたものを示します。

まず、すぐに連想するのは、女性の治療者が女性の患者さんとよく自分で作ったお菓子やケーキをやり取りして、一緒に食べながら面接している場面です。そこには、食べ物というものを媒介として、互いの親密さをやり取りしてとても良い治療関係ができています。

その場面とほぼ同じような関係作りやそれまでの親密な関係をより深くするだろう、と治療者が何となく、はっきりとしている時に面接室以外でお会いします。

第４章にも示した通り、私がこの仕事を始めて、少なくとも約四万面接位を経験してきましたが、大体の記憶では、患者さんに面接室以外で会いたいと提案されたのは六〇回ぐらいだったと思います。

ざっとですが、具体的に言えば、犬好きの患者さんが、私の自宅で飼っているゴールデンレドリバーに会いたい時に会いに来られ、犬に相談しながら良くなっていかれた方がいました。

その時、私が在宅していなくても広い庭に飼っていたので、患者さんはいつでも犬に会えて、その私の犬の話を患者さんが面接でよくしました。確かにそのテツ（犬の名前）は、私達の関係もよくしてくれました。

しかし、私の友人である治療者にこの話をすると
「お前、何という無用心で治療的原則を破ったことをするのか、万一患者に攻撃性が出てきたら、放火されるかも知れないぞ」

と言われ、ゾッとしました。その友人の患者不信病に驚いたのです。これでは、どちらが患者さんか分かりません。患者さんは、常々、治療者より極めて良心的でいろいろな配慮などされてばかりいます。だから患者さんになったとも言えます。心の豊かな人ばかりです。

しかし、現実的にいわく、職業倫理と法的責任とか臨床心理士の境界侵犯、加害性など、テーマを見るだけで、如何にも不法性イメージの強いテーマで語られてきた臨床心理士たちは、ささやかで治療関係を改善する治療場面以外での出会い、について、頑なにダメなこと、とイメージづけて、治療関係作りを狭く硬くしてきた傾向は現在進行中です。


私は、実際、患者さんの思いや治療者の思いやりで、面接室以外で患者さんに会うことで、性的な関係や、金銭問題、それに付随するようなことは全くなく、治療的面接を促進する事実ばかりでした。

例えば、対人恐怖で今までの人生の大半を自分らしく生きてこられなかった方が、私の船好きを知って、近くの港に日本丸が停泊しているのを知り、私の妻にも会いたいので一緒に船を見に行かないかと提案されました。私はそれを受けて妻と一緒に行き、帰りがけに寄った喫茶店で、いろいろな話に花が咲きました。

彼はその時間が、

「今までに一番たのしかった」

と語り、その後急速に対人恐怖が薄らぐようになりました。

もともと遠慮がちで気遣いで疲れがちな患者さんが面接室以外で会いたいというのは、余程治療者との関係が深まったり、良い場合であることは確かです。

また、例えば……と述べると小さな本ができるでしょう。

それら全てが多少とも治療関係の質を深めて、治療的効用がありました。私は、多少とも良い方向性をもつと思える面接室以外での出会いを拒否した記憶がありません。

但し、この意見はボーダーラインの方と統合失調症の方は含まれていません。また性的な関係やそれに類することも含まれていません。と言うより、そのような提案をされた方は、一人としていなかったのが事実です。

また仮に、そのような提案が患者さんから出た場合は、その気持ちは大切にしますが、決して面接室以外では会うことはないでしょう。というのも、私の目に、それらは治療関係の深化に繋がると私自身が思えないからです。

やや私的な結びとして

私の当たり前と世間の当たり前について――この本が出来るまで

私の面接は、他の方の何かの学びに役立つならと思い、いつも陪席ができるようにしています。陪席された方の中には、ポカーンとして、

「どう考えたら、先生のような面接ができるのか、よく分かりません」

と言われたり、そのような表情をされることが頻繁にあります。

私にとっての当たり前が、他の方の当たり前ではないようです。

それは私の幼少期からそうでした。

既成の遊びより面白いいたずら遊びを考え出すことが好きで、その遊びをもっと面白くすることが好きでした。だから、当然、「悪さ」好きの子どもが自然と集まります。そして次々と新しい悪さの発見に夢中になったのです。

それは子どもにとって当たり前だと私は思い、楽しんでいたのですが、大人になって息子に話すと、

「父さん、それを今では不良というんだよ」

と言われました。周りは当たり前とは思っていなかったのです。

このような話は思い起こすと、たくさん出てきてきりがありません。

それで、私にとって当たり前の面接を、いつか纏めたいと思うようになりました。それがいつの間にか、自

分が亡くなるまでの大きな課題となってしまっていました。また、時が経つほどその課題が重荷になって「別に無理してやらなくても、死にはしまい」と思うくらい、ぐうたらになりました。

そんな時、遠見書房の方から、「心理臨床とは？　カウンセラーとは？　よくなることとは？」などと基本的な課題について、初心者向けに執筆してくれないかという依頼が突然舞い込みました。ざっとしかその依頼状を読まなかったので申し訳ないのですが、テーマの面白さしか記憶にありません。

私は、エッセー風にそれらのテーマについて纏めていくと、原稿用紙三〇枚ほどになり、依頼された枚数の倍以上になってしまいました。あとは適当に半分にカットするよう頼みましたが、面白いので全て掲載するとのことでした。

多分この本が出版される頃まで、シンリンラボというオンラインマガジンにまだ掲載されていると思います(https://shinrinlab.com/feature002_05/、https://shinrinlab.com/feature002_06/)。

そして、いつものように、神田橋先生に「こんなものを書きましたよ」と原稿をメールで送ると、先生から、「素晴らしい論文です。集大成といってよいエッセンスです。あなたのスーパーバイジーのスーパーバイズ体験記と一緒にすれば、あなたの方法の特徴がより明確になるでしょう。増井山脈を具現する時期がきましたね」

というご返事をいただきました。

患者さんと治療者の「人間中心」について

私の本の学会誌の書評に、「増井さんは人間をとるか他の事情をとるか、という事態では、増井さんなら即座に人間をとるだろうけど、一概にはそうはいかないものだろう…」と書かれているのを見て、頭にきたことを思い出します。

少なくとも私達は、患者さんの回復の手助けをする専門家であるはずです。患者さんが人として大切にされることが、患者さんの回復に役だつなら、私は即座に、断固として、「人」を最優先します。それが当たり前と思います。

なぜか？　それは、私の大事な仕事だからです。

なぜか？　それは、私はそのプロだからです。

私達の仕事の中で、まだ沢山の偏見があります。

その一つは、「洞察による自己理解」第一主義的な傾向です。それはあたかも論理的で治療者を含め読む方は「何となく良くなった」より「〇〇〇ということが分かり良くなった」という方が理屈通り納得しやすいでしょう。

しかし、多くの患者さんはそのような考えを持ってはいません。なんであれ、苦しみが低下して少しでも心が自由になれば、それが一番だと思っているという事実が、それを物語っています。

私の述べてきた方法では、大半の方が知らず知らずの間に良くなっていかれ、むしろ洞察による明確な自己理解や洞察めいた体験でよくなった、という方は極めて稀です。

だから、大半が何の洞察やそのことによる自己理解もなくて良くなる、それが私の知る臨床的な事実なのです。患者さんによる多少の自己理解があっても、患者さん自身は何となく良くなったという実感しかないのです。

そこには、分析的な何の物語（ラテラル）もありません。ただ、何となく元気になっていったという事実があるだけです。洞察めいた自覚が進んでいくと、患者さんにとって危ない状況に陥ったり悪化することさえあります。

だから、何の洞察もない治療的面接こそ、かえって、本筋かもしれません。

また、本文中に述べていますが、面接室以外のところで患者さんに会うことも、その方が治療関係、ないし対人関係を上質にする見通しがあるなら、私は躊躇せずに会います。

本当に患者さんとの関係を大事にしているのなら、何やかやの理屈を付けて断るより、実際に会って楽しい時間を作る方が、当たり前のことですが、その後の関係を深くさせ、いわゆる、心豊かな関係の世界にいざないます。

普通に私の趣味のことを聞かれたら、実に楽しそうに、ヨットや車、船旅などの話をいつもします。多くの患者さんは、楽しそうに聞かれています。そして、

「先生のヨットにいつか乗せてください」

という申し出に、何人の患者さんを乗せたり、船内の食事をともにしたりしたか、数えきれないぐらいです。中には、船酔いして、ゲーゲー吐く人もいましたが、それはそれで後の笑い話になっていきます。

静かな夜、あのヨットのキャビンという室内で缶入のメルシャンのカクテルを飲みながら、苦労して船に取り付けたデッキとスピーカーで好きなクラシックや演歌を聴く素晴らしさを、一人でも多くの患者さんと一緒に味わえれば、何回分かの面接では味わえない心地良い体験ができる、と今でも私は考えています。海と空と風の中に居るだけで、雑多な日常を忘れ、誰もがただの人になっていくような気もします。

自分の話をすることは、自然で人間的なことです。

面接では治療者は自分のことをあまり話してはいけない、という何となくの決まりがあるようです。その決まりと、患者さんに自分のことを聞かれたら素直に話すことと、どちらが大切か？　という問いかけに対し、どちらの方が患者さんの回復に役だつか、治療的関係ができるのか？　と問いかけます。その事実を見て決めることが大切です。

私の体験する臨床場面では、明らかに、自分の意見なり出来事を素直に話すことは患者さんとの関係を良くします。

臨床を教える教官の臨床知らずの弊害

臨床的な事実から学ぶという姿勢は、日本ではあまりにも少ないようです。その大きな理由の一つには、臨床心理学を教える教官の臨床体験不足、もっと嫌われる言い方をすれば、多くの臨床体験を持たず、心理臨床を教えるところにあると思います。

だから、理論に基づく少しの臨床体験と理論だけから教える形を取らざるを得ないところにあると、スーパーバイズをしていて痛感します。

私の知る限り、教官が大学院生に、録画映像を使って治療過程の面接の実際を見せて教育するようなシステムを使っている大学はあまりありません。

私がいたのは大学の医学部でしたので、私の面接室の横の部屋までカメラで音声や映像を送り、ワンウェイミラーでその場面をじかに見ることもできました。

隣りの部屋は大きく、一〇名ぐらいは優に見学できました。無論患者さん達へは事前にそのことを伝え、かつ看板まで出していました。また、スーパーバイジーや他のセラピストの方も自由に陪席できるようにしていました。

多くの方は、最初多少ともカルチャーショックを受けた様子です。

面接の場面で、日常茶飯事のような態度で自由に話す私を見て、ある医学生は「先生、あんな親しげな態度だったら、患者さんはあまり尊敬しないようで、そんな関係で良くなるのですか?」と素朴な質問をします。

「私の仕事はね、尊敬されるより日常的な親しみを感じてもらう方が大切だと思うよ。隙がないような尊敬より、明け透けなおじさんの方が、まだ良いかなと思っている」と答えると、医学生は妙な頷き方をします。

患者さんに、面接の場で日常性を早く感じてもらうこと、そして早めにお互い親しくなることは、私にとって大切な要件なのです。

念のため記しますが、治療者が、副作用が少なく、できるだけ早く、元気な患者になってもらいたいと念願すること、心の奥深く念じて、冗談を言いながらも静かに手を合わせて（合掌して）患者さんの回復を願っていることがこの方法の大きな基礎となっているのは言うまでもありません。

また、この方法は、目の前にいる患者さんを一人の人間として対処するものであり、症状とか生活歴などの患者さんの属性（パーツ）の寄せ集めやその統合による治療方法ではありません。しいて言うなら患者さんのこれからの在りようや存在それ自体であり、V・E・フランクルがいみじくも述べた「実存というものは、そもそも分析可能なのか」といった人の実存それ自体に対する方法なのです。

引用文献が記憶にないのですが、Ｖ・Ｅ・フランクルは彼の文章や文体からは想像しがたいほどユーモアのある人であったようです。ある攻撃的なうつ病の女性が症状の意味を知って喜んだ時フランクルは彼女とタンゴを踊りました。患者さんにとって「最高の喜び」であったそうです。

私の船旅の途中キューバのサルサ祭りで、ある少女から一緒に踊ろうと誘われました。彼女の足元を見てステップを覚えようとすると、彼女は「それはダメ。私の目を見てハートで踊るのよ」という仕草をしました。ステップ（技法）を覚えたらハートもついてくると私は考えたのですが、彼女の目を見てサルサを楽しむハートが通い合うとリズムに合わせて体が動き出し、それが自然とステップになったのです。

この方法も小手先の技法でなく、まず患者さんを大切に思う、回復を願うハートがあって、自然についてくると言えます。

参考文献

浅野孝雄（二〇一二）『改訂版「心の発見」ブッダの世界観』産業図書
フランクル、V・E／山田邦男監訳（二〇〇二）『意味への意志』春秋社
神田橋條治（一九八八）「「自閉」の利用――精神分裂病者への助力の試み」『発想の航跡』岩崎学術出版社
増井武士（一九七五）「ある境界線症例の分析的面接過程と〝支持すること〟についての一考察」『九州大学心理臨床研究1巻』（『治療的面接への探求2』人文書院、二〇〇七に所収）
増井武士（一九七九）「ドラマ・イメージ」『催眠シンポジアムⅨ』誠信書房（『治療的面接への探求3』人文書院、二〇〇八に所収）
増井武士（一九八二）「催眠分析とイメージ――身・心イメージによる心の「整理」と「置いておくこと」について」『催眠学研究26巻1号』（『治療的面接への探求1』人文書院、二〇〇七に所収）
増井武士（一九八七）「症状に対する患者の適切な努力――心理臨床の常識への二、三の問いかけ」『心理臨床学研究4巻2号』（『治療的面接への探求1』人文書院、二〇〇七に所収）
増井武士（一九九〇）「フォーカシングの臨床適用に関する考察――その新しい視点と将来的な課題について」『人間性心理学研究8巻』（『治療的面接への探求3』人文書院、二〇〇八に所収）
増井武士（一九九一）「「自己学」としての精神療法」『心理臨床4巻3号』星和書店（『治療的面接への探求1』人文書院、二〇〇七に所収）
増井武士（一九九六）「「心の整理」としての面接――〝ありのまま〟の自分とその治療的意義」『心理臨床学研究14巻1号』（『治療的面接への探求1』人文書院、二〇〇七に所収）
増井武士（一九九七）「「私」という中心点に向かっての旅立ち――私のスーパーバイズの体験から」河合隼雄・村山正治・北山修・増井武士他「スーパーバイジーから見たスーパービジョン」第16回日本心理臨床学会、学会企画シンポジウム（『治療的面接への探求2』人文書院、二〇〇七に所収）
増井武士（一九九八）「治療過程における「人間性」への必然的回帰――記述しがたい事象の真実性」第18回日本人間性心理学会報告発表（『治療的面接への探求1』人文書院、二〇〇七に所収）
増井武士（一九九九ａ）「「尽くす」ことの功罪――〝自律の相互性〟という観点より」第18回日本心理臨床学会大会にて発表（『治療的面接への探求4』人文書院、二〇〇八に所収）

増井武士（一九九九b）「自閉的な分裂病の治療面接における一つの統合の試み」『心理臨床学研究17巻4号』（『治療的面接への探求2』人文書院、二〇〇七に所収）
増井武士（二〇〇一）『職場の心の処方箋――産業カウンセリングルームへようこそ』誠信書房
増井武士（二〇〇二a）『不登校児から見た世界――共に歩む人びとのために』有斐閣選書
増井武士（二〇〇二b）「臨床人間性心理療法――治療関係での「私」の活かし方」第21回日本人間性心理学会ワークショップ（『治療的面接への探求4』人文書院、二〇〇八に所収）
増井武士（二〇〇二c）「人間性精神（心理）療法の原点辺りをめぐって――相互人間化としての「共感」について」『第21回日本人間性心理学会特別研究報告』（『治療的面接への探求4』人文書院、二〇〇八に所収）
増井武士（二〇〇三a）「病院場面での抑うつ症の治療的面接の組み立て方」『臨床心理学3巻3号』金剛出版（『治療的面接への探求1』人文書院、二〇〇七に所収）
増井武士（二〇〇三b）「もっと生の「私」を生きる治療的意義――as a personを理論でなく場の心を生きることとして」村山正治編『現代のエスプリ別冊・ロジャース学派の現在』至文堂（『治療的面接への探求1』人文書院、二〇〇七に所収）
増井武士（二〇〇七）『心の整理学』星和書店
増井武士（二〇一九a）『来談者のための治療的面接とは――心理臨床の質と公認資格を考える』遠見書房
増井武士（二〇一九b）「「描り言葉」としてのイメージと壺イメージ法――壺イメージ法にみられる苦慮論とその技法的特色」成瀬悟策監修、田嶌誠一編著『壺イメージ療法――その生いたちと事例研究』創元社
増井武士（二〇二三）「【特集　心理療法ってなに?・】#〇四　心理療法とは、良くなるということとは、その技法とは?・〈前編〉〈後編〉」『シンリンラボ2号（二〇二三年五月号）』https://shinrinlab.com/feature002_05/、https://shinrinlab.com/feature002_06/
増井武士・池見陽（二〇二〇）『治療的面接の工夫と手順――人間学的力動論の観点から』創元社
成瀬悟策・村山正治・増井武士・神田橋條治（二〇一九）『どこへ行こうか、心理療法――神田橋條治対談集』創元社
トッド、エマニュエル他（二〇二三）『二〇三五年の世界地図』朝日新書

第Ⅱ部　スーパーバイズについて（スーパーバイジーの体験記）

私のスーパーバイズでは、基本的には第Ⅰ部で示した治療的面接と変わらない姿勢で望んでいます。また、私の治療的面接自体を体験してもらい、身を持って学び獲得してもらえるように極力注意しています。理屈で分かることより、スーパーバイズだからこそ、体験的に学ぶ機会であることをより大切にしています。だから、スーパーバイジーも患者さんに対して一人称を大切にした面接が自然にやれるようです。

面接の理屈や理論は、後からご自分が考えやすい方に考えていけば嬉しいと思っています。それぞれのスーパーバイジーの独自性豊かな方法や理論を聴く時が私にとり、最も豊かな時間となります。

神田橋先生のいうところによると、

「陪席に来る人達にスーパーバイザーの名前を訊くと、他のスーパーバイジーは時には誉れ高く、何とか先生にバイズを受けています！　とはっきり言うけれど、あなたのスーパーバイジーは小さな声で恥ずかしそうに、増井先生です、と言うのは面白いね」

と言われたことを思い出しました。

その時のスーパーバイジーの方々を想像して、私は何となく分かるような気がするのです。私のスーパーバイズは、体験して学習することを一つの目的としています。だから、問いかけはしますが解答はご自身で出さないと意味がないので、スーパーバイジーの方はあれこれ思い巡らします。

また、その問いかけも、スーパーバイジーの人としての根っこ辺りへの問いかけで、訳はわからないのに、何となく体や気持ちが軽くなったという体験も多いのです。

そしてボチボチ自分なりの面接のイメージやスタイルを造る手伝いをします。

だから、スーパーバイジーはパッとした自分の考えはこうだという主張はあまり出ません。それで、はっきりしない、小さな声になるような気がするのです。これはこうで、あれはこうだというメリハリをつけはっきりしたところは、私にはほとんどありません。

彼らのスーパーバイザーの名を訊かれて、おずおずしながら小声で呟くように先生に伝える場面が、私には目に浮かぶようです。

加えて、私は、

「このスーパーバイズは、あなただけのスーパーバイズではありません。将来、あなたが出会う患者さんのためでもあります。その点もよく理解しておいてください」

と付け加えて、あとはくだけた日常的な話となったりして、スーパーバイズの場が楽しめる場になることもあります。そんなスーパーバイザーを堂々と言うことは難しいと思います。

今回の執筆の方々は身近な方々が多いのです。本当は、大阪や奈良、京都辺りから足しげく通ってくださったスーパーバイジーの方にも感想などを論じて欲しかったのですが、面倒くさがりの私は、身近な方々にお願いしました。

また次なる機会に恵まれる時には、遠方の方々に書いていただければと思っています。

最初は、六〜七人の方にと考えて、何人かはパスして書かれないと思い十一名の方に依頼したところ、みなさん引き受けてくださいました。

中には、どう書いて良いか分からないという方々もおられましたが、

「本当に思った通り、自分が書きたいように、ざっくばらんに書いてください」

と返答をしました。

中には、どう書けばこの本書の主旨にそぐうのですか？　というような配慮の行き届いた方もいました。そのような方にも「思った通りに書いてもらうのが、本書の主旨です」と伝えました。

尚、スーパーバイズ体験のだいたい古い方から順にとなっています。

自己感覚を育むということ

宇部フロンティア大学心理学部教授
大石英史

はじめに

今回、増井先生のスーパービジョン（以下、ＳＶと略す）について執筆する機会をいただいた。いつか書いてみたかったことでもあり、喜んでお引き受けした。私はこれまで三〇年以上にわたって、大学で臨床心理学を教える傍ら、教育臨床を中心とする臨床実践に携わってきたが、自分の実践が行き詰まったときには、たいてい増井先生が登場する。この一〇年は実際に会いに行くことは少なくなり、心のなかで増井先生と対話することがほとんどとなった。ここに書き記すことは、私のなかの増井先生、私が出会った増井先生である。

簡単に自己紹介しておくと、私は九州大学教育学部と大学院で村山正治先生に指導を受け、修士課程在学中に増井先生のことを知り、博士後期課程のときからＳＶを受け始めた。その後、大学教員として、臨床心理士や公認心理師を育てる仕事を続けてきた。その傍らで、不登校支援をはじめとする学校臨床と増井先生から引き継いだ産業臨床等に携わってきた。

増井先生との出会い

最初の出会いは、九州大学で前田重治先生が開いておられた症例研究会で増井先生がケースを発表されたときだったと記憶している。次々とオリジナルの造語が飛び出してきて、いつの間にか先生の世界に引き込まれていたのを思い出す。その後、先生のＳＶを受けたいと思い、自分から申し出た。

最初にＳＶ（というよりも中身はカウンセリングに近いものだったが）を受けたのは博士後期課程在籍中に、先生が勤務している病院の患者としてであった。自分のカルテを作っていただき、月一回、ひとりの患者として病院を受診した。私はそのときまで二人の先生にＳＶを受けていたが、いずれの体験も消化不良であり、傷つきの体験にもなっていた。当時、自分自身の臨床家としてのアイデンティティが定まらず、これから自分なりの心理臨床活動をどのように続けていけばよいのか迷っていた。そんな私にとって三人目のスーパーバイザーであり、初回はこれまでの自分のＳＶ体験について正直に話した。先生はしばらくその話を黙って聞いておられた。そして、話がひと段落したときにこう言われた。

「あなたにはこれほど伝えたい思いがあるのに、なんでこれまでのスーパーバイザーはそのことを受けとめてくれなかったんだろうね…」

言葉はそれだけであったが、自分の言葉が初めて相手に届いたと感じた。それとともに身体が緩み、気がつくと涙が溢れ出て止まらなかった。これが先生との実質的な出会いとなった。そのとき、この先生を自分の臨床の師匠にしようと思ったのを覚えている。二七歳のときであった。

自分軸についての学び

その後、自分のケース論文のコメントを書いてくださったり、境界例治療についての論考の際に貴重な助言をいただいたりした。先生から教えていただいたことを自分なりに咀嚼し、今も自分の臨床だけでなく、生活上の人間関係のなかでも生き続けている洞察と課題を言葉にすると以下のようになる。

境界例のクライエントは、人と人との境界を体験できないことに苦しんでいる。だから、セラピストの自分軸が問われる。相手の世界に同化していくことは、その世界に巻き込まれることを意味しているが、セラピストが巻き込まれたままでいることは援助的とは言えない。セラピストが相手の世界に同化しつつも、自己感覚という自分軸を維持し、その巻き込まれから自身を救い出せることは、クライエントが自他の境界を体験することにつながる。すなわち、クライエントからの際限のない期待と要求に対しては、正直に困っている姿を見せる、あるいはそのことを言葉で伝えることが大切だ。その困っている姿を見せることは、クライエントが自他の境界を感じるときなのだから、相手を傷つけない形の自分なりのほどよい困り方を工夫する。

このことは境界例のクライエントとの関わりに限定されることではない。愛着の課題を抱えた子どもたちや人間関係上の躓きによって心の不調を抱えた人たちに援助者として関わっていく際には、関係の距離感が重要になってくる。別の言い方をすれば、セラピストが適度に自分軸を維持していることは、依存と自立の中間にあるほどよい関係性を構築できることにつながり、それ自体が双方の精神安定に寄与する。そのためには、セラピストの側に相手のニーズを汲み取りながらも、私が私自身であることが求められる。

自分軸というと硬く動じない柱のようなものをイメージしやすいが、それは感覚的な照合体のようなものであり、柔軟性と曖昧さを特徴とする。それは、揺れながらも中心がしっかりとした軸、中心があるから揺れることができる軸である。その曖昧ではあるが確かに感じられている体感に触れていく方法のひとつにフォーカシングがある。つまり、傾聴とは、相手の心の声を聞きながら自分の心の声を聞くリアルタイム・フォーカシングなのである。私はクライエントを前にして自分軸を柔らかに維持し失わずに居ることを、ロジャーズが提唱する「一致」とそのまま重なるものとして理解した。これが増井先生から得た最も大きな学びである。その後、「一致」に関する研究は、私のライフワークとなって今も続いている。

人柄と生き方から学んだこと

また、こんなこともあった。私がＳＶのなかでいつの間にか人はこうあるべきだというような抽象的な一般論を話していたとき、先生は私の話を遮って、「その話はやめてくれんかね」と言われたことがあった。一瞬、先生を怒らせたと感じたが、そうではなかった。先生は「あなたの心の声が聞きたいのよ」と言いたかったのだ。このような先生の一見わがままとも思える率直な態度により、話したいことを理屈ではなく、今の自分の気持ちを大事にしながら自分の言葉で話すことの大切さを知った。言い換えれば、自分の心と対話しながら発する言葉こそが相手の心に届き、相手の内部にも対話を生み出すものであることを学んだのである。

相手の言葉を通して心の声を聞くこと、そのことを先生は「語られた言葉からその心を翻訳すること」あるいは「患者の述べた事柄や内容と患者自体の気持ちや心とをあえて聞き分け、後者にフォーカシングすること」という言葉で捉えておられ、私はこのことをいつも自分に言い聞かせているのだが、つい言葉を聞き、言葉で話している自分に気づかされる。

ＳＶのなかでは個人的な悩みも相談したことがある。その都度、先生は率直な応答をされたと記憶している。言葉としてはストレートであったが、私の言葉にならないところも感じ取ったうえで、先生のなかに浮かんできたことを言葉にされていたように感じる。

いつか産業医科大学で開催されていたグループスーパーバイズに参加したとき、おにぎりを私のテーブルの上に「はい、あげる」と置いていかれたこともある。先生はどんな状況でも、自分の気持ちに正直に行動する人であり、発言もストレートだった。そのことを私は微笑ましく、また嬉しくも感じた。

　これまで学会での事例発表やワークショップなど様々な場面で先生の姿を見てきたが、どんな相手にも自分の意見をはっきりと伝えられる人であった。公認心理師の国家資格が導入されたときにも、先生はその制度のあり方に疑問を感じられ、その思いはほどなくして一冊の本として出版された。私から見れば、先生は「一致」の人であり、ときに闘う人でもあった。

　何度かご自宅にお邪魔したこともある。その際には、臨床のこと以外のいろんなお話を聞かせていただいた。船で世界一周の旅に行かれた話では、見渡す限りどこまでも海という風景が何日も続くことやサハラ砂漠に降り立ったとき感動して涙が出たという言葉が印象に残っている。

　先生は海が大好きで、ヨットを持っておられた。「僕はどんなに忙しくても、必ず二週間の夏休みを取るよ」とおっしゃり、それを実行されていた。この言葉からは、先生の産業臨床を支える考え方、さらには生き方が実感を持って伝わってくる。私は先生の在り方から、「そもそも自分の身体を壊してまで働く仕事などないんだよ。組織は守ってくれないから、自分のことは自分で守らんとね」というメッセージを受け取った。先生にとって夏休みの二週間は、忙しい仕事を離れて、命の源である大自然の世界に立ち還る大切な時間であり、思いのままにヨットに乗ったり、海に潜ったりする先生のもうひとつの姿を想像した。なかなか都合が合わず未だ実現していないが、ヨットにはいつか乗せてほしい。

臨床技法の観点から

その１　状態像のフィードバック

増井先生の治療的面接を臨床技法の側面から捉え直してみると、そのひとつにクライエントの状態像をイメージとして伝え返すやり方がある。増井（二〇〇七）から引用すると、例えば、「私にはあなたの話を聞いていると、懸命に何とかしなければという気持ちが伝わってくるのですが、それは私の思い過ごしでしょうか」とか、「その辛さのようなものは私（治療者）には何かこう、いくら動かそうとしても動かない大きな岩のようなもので、あなたはもう嫌なほどその作業を繰り返して疲れ切っている場面が思い付くのですが…これも勝手な思い込みかな」（一八五頁一六行〜）、あるいは「あなたの話を聞いていると少し遠い、それも洞穴の中から通りすがる人もないのに話をしているような場面が浮かんでくるのですが、これは私の思い違いかな」（一八九頁一九行〜）などなど。

私はこの方法を「状態像のフィードバック」と命名して、研修会などで紹介したことがあるのだが、ピンとくる参加者が少なかった印象がある。共感や感情の反射などはカウンセリング技法としては一般的にはよく知られているが、クライエントの状態像を伝え返す方法や効果については、ほとんど知られていない。人はひとつのことに悩んでいるとき、自分の状態を俯瞰して眺めることができない。それをイメージという形で伝えてもらうことは、そのままクライエント自身の柔らかな自己理解を促し、心の沈静化をもたらすものだと考えられる。ただ、その伝え返しができるためには、クライエントの言葉ではなく、その心の声、すなわち、身体全体から発せられているものを感じ取る力とそれをイメージに変換して言葉で伝える力が必要である。そのイメージをクライエントに押しつけるのではなく、そっと二人の間に置く。それをクライエントと共に眺めるのである。こちらが受け取った相手の心の声を、言葉にならない思いまでを含んでイメージ化し、それが思い違いかもしれないという修正しやすい形で伝える。それは解釈の押しつけとは異なり、クライエントはそのイメージを受け止め、吟味し、その結果として、心が整理される。

また、セラピストがクライエントの内的世界に自分を重ね、そこから浮かんできたことを率直に問いかけるやり方もある。例えば、「仮に私ならあなたの話を聞いていると×××のような気持ちになり、ひどく×××のように感じるんですが、それは私の勘違いかな？」（一九四頁八行〜）、あるいは「大体皆そんな形で心が煮詰まってくると、通常は蒸発したいとか亡くなってしまうとケリがつくし楽だと思う人が多いのですが、あなたはそんなことない？」（一九四頁一三行〜）これらの問いかけによって、クライエントは自分自身の心に触れやすくなり、自分が本当はどうしたいのか、あるいは、今決められない状態にあることなどを確かめることができる。

さらに、これは文献でよりはっきりと学んだことなのだが、不登校の子を持つ親のカウンセリングにおいて、親の労を十分にねぎらい、そのうえで、親の話を聞いていて子どもの立場で感じることを率直にフィードバックする。通常であれば、そこはとてもデリケートな部分でもあり、仮にその印象を伝えるとしても、そのタイミングについては神経を遣うところである。しかし、先生は面接のかなり早い時期にそのことを伝えておられるように感じる。増井（二〇〇八）から引用すると、「今、私はあなたの子どもだったらという思いで聞いていますが、あなたの理屈ばかり聞こえてきて、なかなかあなたの心が聞こえなく、少し気持ちがイライラしているのですが、ひょっとしてお子さんもそうかなと思いまして」（九二頁一六行〜）。あるいは端的に「少し叱られているような気もするのですが」（九二頁一九行〜）などの言葉がそれである。心の専門家はとかく相手を傷つけるのではないかという不安に陥りやすいが、感じたことを裏表なしに率直に伝えることのできる先生の在り方の場合、むしろ相手を傷つけない。おそらく相手を傷つけるのではないかとの不安は援助者側のものであり、まだそこまでの信頼関係を築けていないのは援助者側の問題だということに気づかされる。そこには、腫れ物に触るのとは対照的な先生の「一致」した在り方が感じ取れる。

これらはいずれもセラピストの応答力を必要とするものであり、それが自然体でできるのは、増井先生のオ能である。一度、そのことを伝えたことがあるが、先生の反応は意外なほどあっさりとしたものだった。このとき、才能というのはその人のなかでは当たり前のものであるため、改めて気づくのは難しいものなのだろうと思ったのを覚えている。

その2　置いておく技法

増井先生が症例報告のなかで書いておられることに、気になる問題を箱に入れたり、ゴミ箱に入れて蓋をしたり、イメージで包み込んだりする技法がある。場合によっては、次のセッションまで蓋を開けない約束をするという。この技法は、自分と問題を切り離すことで、目の前のことに集中できる状態を作り出す効果をもたらす。外在化を促す技法とも言える。

強迫的なクライエントのなかには、その前につい蓋を開けてしまう人がいることは容易に想像できる。しかし、仮に蓋を開けたとしても、面接室でセラピストの力を借りながらいったん箱に入れた感覚を覚えていることで、すでにいくらかの自己コントロール感を獲得している。そこに加えて、セラピストとの信頼関係が下支えとなって、クライエントは日常生活のなかで自分の問題を少しだけ自分と切り離せるようになるのではないだろうか。

私は大学院の授業で悩みの中身に入り込まず、そっと置いておくことで改善した先生の症例を紹介しているが、学生からは必ずと言っていいほど、「クライエントの悩みの詳細を聞かなくても良いのでしょうか？」という質問が出る。私は「悩みを聞いてほしいときには聞くよ。何よりもそのことをセラピストに言えるような関係づくりが大切。クライエントの側に『注文できる能力』が育ってくること自体が援助的なのだよ」と先生が言っておられたことをほぼそのまま伝えるようにしている。

問題や悩みに対して、「なぜ苦しいのか?」と問うことで人はさらに自分を精神的に追い詰めてしまう。そこに「どんなふうに苦しいの?」という問いを置いてみる。そのような心への寄り添い方を先生は大切にしておられる。置いておくこと、包み込むイメージや触れないでおく方法などは、その延長上にあるものだと考えている。

私たちの思考は因果論に馴染みやすく、とかく原因を見つけてそれを除去すれば問題は解決すると考えがちである。しかし、そのいわば自動思考が犯人探しに陥ったり、かえってその人の心の動きを硬くしたりするのは確かなことである。先生は、自分に「なぜ」と問うて原因を探す思考自体が心の問題にはそぐわないこと、悩みに入り込まないことの大切さを身に染みるほどわかっておられたのだと思う。そのことが、優しさとしてクライエントに伝わっているに違いない。

お勧めしたい文献二つ

最後に、先生の論文で是非お勧めしたいものを二つだけ記しておきたい。私はそのときどきの自分の臨床テーマに沿う形で、先生の論文を読み直すことにしているが、そのなかでも特にインパクトを受けたものである。

ひとつは、「『自己学』としての精神療法」(『治療的面接への探求1』)である。この論文は、いつ読んでも新鮮である。初心に立ち帰ることができる。大学院の授業を担当していて思うことは、様々な臨床概念を知っておくことは心の専門家に必須の課題ではあるが、その結果、知識だけが膨大となり、ひとつひとつの専門用語を自分の臨床感覚と擦り合わせながら理解していくことが難しくなっていると感じる。若手の臨床心理士、キャリアを積んだ臨床心理士の双方に読んでほしい文献である。

もうひとつは、「『関与的観察』とフォーカシング――治療者の『心』の伝え方と相互人間化」（『治療的面接への探求1』）である。この論考は、一貫して身体感覚をベースとする心理臨床を築き上げてきた増井臨床の集大成である。そこには傾聴の大切さだけではなく、セラピストがクライエントを前にしたときにいかにして応答的な存在としてあるか、その在り方を原則という言葉で整理したものである。セラピーという関係性のなかで、〈この人〉と〈この私〉が出会っていくプロセスは固有のものであり、それは関係の数だけある。「相互人間化」とは、お互いがその関係のなかでひとりの人間になっていくプロセスを生きることである。〈この人〉と〈この私〉がクライエントとセラピストという関係の場で出会い、その関係のなかで起こってくることにできる限り誠実に向き合っていくこと、それによって徐々にその関係性が固有の色合いを帯びてくる。そのプロセス自体が双方にとって援助的なのではないだろうか。

ロジャーズの「一致」という言葉を、関係を生きるというプロセスの側面から捉え直した「相互人間化」という言葉を私はとても気に入っており、このような心の営みが心理臨床の本質なのだと考えている。

以上が、私が出会った私のなかの増井先生である。自分の人生で増井先生に出会えたことは、本当に幸運なことだったと今改めて思う。

文献

増井武士（二〇〇二）『不登校児から見た世界――共に歩む人々のために』有斐閣選書
増井武士（二〇〇七）『治療的面接への探求1』人文書院
増井武士（二〇〇八）『治療的面接への探求4』人文書院
増井武士（二〇一九）『来談者のための治療的面接とは――心理臨床の「質」と公認資格を考える』遠見書房

増井先生の人間力と体験で癒される心

九州大学キャンパスライフ・健康支援センター准教授
松下智子

増井先生に出会うまで

私が増井先生のスーパーバイズを受け始めたのは大学院生の頃で、私にとって初めてのスーパーバイザーの先生でした。その頃、増井先生の書かれた論文を読んで感動し、ぜひお会いしてみたいと思い、スーパーバイズをお願いする手紙をお送りしました。その論文で感動した点は、患者さんの捉え方や患者さんへの眼差しに上下関係がなく対等で、患者さんが病人としてだけ扱われることのつらさを感じ取られているところでした。

大学生時代の私は、大学進学時に進路に迷ったあげく、何となく教育学部に入り大学で心理学を学ぶようになったものの、人間の心を客観的に把握しようとしている部分で「本当にそうなのか？」と謎に思う部分もあり、納得のいかなさを感じていました。心理学を科学的に読むことにかなり違和感を抱いていたのかもしれません。もちろん、人の心は皆一様ではなく、例外も多くあるため仕方がないことなのですが、個人的には心理学や臨床心理学を続けることに迷いもあったからだろうと思います。そして、むしろ大学で興味を持ったのは、文化人類学の視点でした。大学の教養の授業で、文化人類学の先生が、〝ソフトクリームを美味しいと思って食べているのに、それが服に落ちた瞬間に汚いものになってしまう〟、というような人間の捉え方の不思議について話されていたのを覚えています。人が様々な文化の中で、当たり前のように感じてしまう物事の捉え方について話されていて、自分も例外ではないと感じてとても面白かったのです。その数年後、私は『病の語り』（アーサー・クラインマン著）という医療人類学の本を読み、医療関係者や他者から見た患者さんの病的な体験ではなく、患者さん側から見た主観的な体験を知ろうとすることに興味を持ち始めていました。

先に述べた増井先生の論文では、患者さんの側に寄り添う記述に、医療人類学のスタンスと通じるものを感じたのだと思いますし、シンプルに自分が患者となったらどういうカウンセラーに会いたいかというときに、増井先生のような診方をされる先生に診てもらいたいと思ったのだと思います。数年前に「うっせぇわ」という歌が流行りましたが、そのサビの歌詞で、「うっせぇうっせぇうっせぇわ　あなたが思うより健康です　一切合切凡庸な　あなたじゃ分からないかもね」という部分があり、私はこの歌詞を聴いた時に一瞬カウンセラーのような立場の人に対して言っているのかな？　という気がしました。カウンセラーという狭い話ではなく画一的な社会全体を指しているのだと思いますが、増井先生はこういう言葉を投げかけられない（そうにない）カウンセラーだと思います。その真意を、この後私が述べることの中に、うまく描けるといいなと思っています。

増井先生にスーパーバイズを受けはじめて

私がスーパーバイズを受け始めた当時、増井先生は産業医科大学で勤務されていて、スーパーバイズの際には先生の研究室にお伺いしていました。当初、全くお会いしたことのない先生だったので、実際にお会いしたらどのような先生なのだろう？　と緊張したのを覚えています。先生はこちらの目を見て軽く会釈をされ、「どうぞ、」と言葉少なではあるけれど、少しシャイな感じで温かく迎え入れてくださいました。あまり片付いていない応接テーブルの前でソファに座って待っていると、「のみさん（当時の研究室秘書の野見山さんのこと）、コーヒー二つお願い…（ごにょごにょ）」と声をかけて、「ごめんけど、ちょっと待っとってね」と言い、他の用事で部屋から出て行かれたような記憶があります（それが初回であったかどうかは記憶が定かではありません）。秘書の野見山さんは、クールビューティといった印象の方で、先生から「のみさん、あの論文どこにあったかな？」「○○と□□と渡してあげてもらえるかな？」というようなお願いに、「はい、これでいいですか？」とスマートに応じておられたのですが、時折、増井先生の言動にクスっと笑いを堪えておられる様子があり、私はその様子を見るのが楽しかったのを覚えています。増井先生は、お願いをされる際に「見つからんならなくていいから」と無理強いさせることはなく、「自分はどうもこういうのが苦手なんよね（笑）」と自分のできないことを正直に話されるので、お手伝いするほうも嫌にならないということがあり、これは先生が愛される一要素であると思っています。増井先生は、自分が正しいとか正常だとか健康だというような鎧をつけていない方だと思うのです。これは、臨床場面での患者さんとのやり取りや、スーパーバイズの際の先生の在り様とも共通していました。

私は、何度か陪席で増井先生の臨床面接場面を直接拝見させていただいたことがあります。患者さんはつらそうな表情で増井先生に話し始めるのですが、先生は穏やかに相手の話に耳を傾け（熱心に聞いている様子を前面に出すというより静かに耳を傾けているという感じ）、大事なところで大きく頷かれたり、「なるほどね」と言われたり、「○○ということやね」と的を射た言葉を添えたりしながら話を一通りきかれます。増井先生の「心の整理図」を用いられることもありますが、その時あなたはどう感じたのか、本来のあなたはどんなことを言いたい気持ちなのか、などを先生の言葉も交えながら丁寧に聴いていきます。相手が言いよどんでいると、「たとえば、△△なのか□□なのか、どんな感じかな？」、「仮にあなたが○○できるとしたら、どうしたいのかな？」と、その人本来の心の声を大事に引き出していく感じです。

そして、たとえば生真面目そうな患者さんに対しては、増井先生はその生真面目さを問題として指摘するより、愛すべき部分として温かな笑顔で受け止めます。「あなたがいろいろいろ考えているのは分かった。そのことに対してね、あなたの気持ちはどんなことを言いたいのかね？　私やったら、××とかね、※※とかね、そういうことが思い浮かぶんやけど」と問いかけたりしながら、少しずつその人を縛っている生真面目さをほぐしていかれているようでした。患者さんはだんだん言いたいことを言えるようになり、語気が荒くなる時もありましたし、増井先生と大笑いされている時もありましたし、内側の凝り固まった気持ちや毒（その人の毒だけではないと思いますが）を吐き出して、楽になっていく様子が見受けられました。もちろん、それが少しずつの人もいますが、無理のない範囲でその人が少しでも気持ちが楽になることを、増井先生は目指しておられたと思います。

私が増井先生のスーパーバイズを受けて感じたこと

私自身がスーパーバイズを受けているときも、私が一生懸命考えたり困っていたりすると、私の良さを大事にしながら温かく話を聞いてくださいました。時折、宙を見つめてクライエントさんの気持ちに思いを馳せておられたり、少し眉間にしわを寄せて熟考され、私のケースでのやり取りで何が起きているのかについて、言語化を手伝ってくださったりしました。スーパーバイズ全体を通じて、先生は終始柔らかい口調ではあるけれど、どこかしっかり筋が通っている信頼感があると感じていました。その信頼感は、相談場面に訪れるクライエントさんに対しても、スーパーバイズを受けに来た私に対しても同様なのですが、基本的に〝あなた〟がどう感じているのか、〝あなた〟が元気になる（少しでもその人が活き活きする）のを大事にしたい、という徹底した姿勢によるのかもしれません。もし、その人が間違っていたらそのままにしていていいのか？　という疑問が湧いてきそうですが、まずそのときの心的な現実を受け止めてもらえることで、人は次第に落ち着いて現実的に考えられるようになるものです。少し軌道修正が必要になるときには、増井先生は「私は話を聞いていて、～と感じるけどどうかな？」と問いかけられることもあるし、ご自分の考えも率直に言われることもあります。増井先生流のアサーティブな在り様、つまり You are O. K. であり I am O. K. であるということが、やりとりの根底に無理のない形で存在するのだろうと思っています。

私はスーパービジョンを終えて帰る際、折尾駅のホームで電車を待っている間や、そこから自分の最寄り駅につくまでの間に先生から言われたことを思い出し、何だか感動して気持ちがいっぱいになったり、ケースのことについていろんな連想が浮かんだり、先生の言動に力づけられたりしていたことを思い出します。先に述べたように、増井先生はご自分の良い面だけでなく苦手な面やダメな部分も見せられることがあるのですが、それを上回る（もしくはそれが気にならないくらいの）とても鋭く奥の深いコメントをくださるので、皆にリスペクトされるのだと思います。私は、スーパーバイズの中でいただいたコメントや感想を、少しずつ消化していきながら、自分の栄養にさせていただいた感じです。不慣れな精神疾患の理解については、たとえば統合失調症について書かれた中井久夫先生の本を読んだ方がよいとか、神田橋條治先生がこうおっしゃっていたという話をお聞きすることもありました。

また、スーパーバイズとは少し離れるかもしれませんが、私が印象に残っているのは増井先生が時折話してくださるご自身にまつわるお話です。いろいろな趣味の話を聞かせてくださったり、何人かのスーパーバイジーと一緒に遊びに連れていってくださることもありました。好きな車の話をお聞きしたり、何人かで蛍を見に行ったり、ヨットに乗せてくださったりしたのはとてもいい思い出です。増井先生はヨットの準備や操縦をされるときには、普段気づかれない（?）たくましい姿が垣間見えて、少しだけ驚きました。こうした時間を通じて、仕事や日常から離れて、自然の中で過ごす時間の大事さを伝えてくださっていたのだと思います。仕事が忙しくなり始めていた頃、増井先生がスーパーバイズの際に気持ちが「焦る」ということについて話してくださったことがありました。忙しくしている時に、必ずしも気持ちが「焦る」必要はなく、「忙しい」イコール「焦る」ではないという話だったかと思います。忙しくても、無駄に気持ちを焦らせることなく、仕事をこなすというのが一番です。仕事帰りにきれいな夕暮れを見たり、遠くまで広がる海を見て風に吹かれたり、そろそろ蛍の季節だなと思うような時間を大事にしなさいよ、という増井先生からのメッセージを忘れないでいたいと思っています。

私が増井先生のスーパーバイズから受けた影響

増井先生のスーパーバイズを受けて、私がどう変わっていったのかについて書いたほうがよいかなと思うのですが、増井先生が初めてのスーパーバイザーであったこともあり、自分に大きな変化が起きたというより、カウンセラーとしての一歩を踏み出すことを助け、毎回の小さな成長を支えていただいたという方がしっくりくる感じです。私は当時、少々生意気で自由にやりたがるところがあり、増井先生でなければ、おおらかに見ていただけなかったかもしれませんし、私ものびのびと話したいことが話せなかったかもしれません。カウンセラーの専門性はどういうものなのかが十分に分かっていない時期に、増井先生に出会えたことは大変幸運なことでした。

私が増井先生から影響を受けたこととして、ここで取り上げたいことの一つは、増井先生からイニシャルケースでコメントをいただいた「関与的観察の深化」という部分についてです。その当時の私は、目の前のクライエントさんとのやり取りに一生懸命ではあったものの、観察が十分にできていないと思っていました。というより、観察しているつもりでも、自分の中で経験が不足しているので、話の内容や見えているものから理解できることも十分ではなかったのです。その当時から臨床を続けてきて、自分が経験してきたことを振り返ると、目の前に現れる様々なクライエントさんにいかに〝関与〟するか、ということが想像以上に試行錯誤の連続だったということに思い至ります。当たり前のことなのですが、関与と観察は切っても切り離せないものであり、どちらも一緒に成長することが求められます。心理臨床家としていかに関わっていくか、その時々でどんなやりとりが展開するか、また、そこで新たにクライエントさんのどんな一面が見られるか、について可能性を狭めないようにしていきたいと思いますし、それは増井先生が大事にされてきたことなのではないかと思います。

もう一つの大きなこととしては、これまでも触れてきたことですが、増井先生の「完璧でない人間を愛おしむ姿勢」です。増井先生は、ご著書にも書かれているように、どんな短所も長所になり得ると考えておられますが、その認知的な変容をその人の認知だけを取り扱うのではなく、クライエントさんとの関わりや増井先生の存在を通して、自然な形で体験的に感じ取れるように働きかけておられると思います。クライエントさんご自身に、自分の短所と思う部分を長所として捉えてみることを提案される場合もありますが、その前に少しずつ、クライエントさんが短所と思っている部分を増井先生が肯定してくださったり、微笑ましく見てくださったりすることも、捉え方に大きな影響を与えていると思うのです。そして、増井先生がご自身の完璧でない部分を見せられる時（表裏がない、自然な人間の在り様として）、悩んでいる人のこころが少しほっとできる効果を生んでいると感じます。「先生も完璧じゃないのですね」と思うと同時に、「私も完璧じゃないけども何とかなるかな」という気持ちになれるような気がします。この辺りは意図するものではなく（取り繕うと嘘っぽくなる）、ただ、ありのままの先生を目の前にした際、自然とクライエントさんに感じられる部分だと思うのですが、そんな人間的な関わりが温かさを生んでいるのではないかと感じます。

増井先生の世界と現在の私

今回、増井先生からのご提案を受けて、この文章を書き始めたのですが、私は長い文章を書くのがあまり得意ではなく、途中で分量が足りそうにないと増井先生に弱音を吐きました。その時のやりとりの一部をここに載せます。

私：「今、スーパーバイズの体験記を書いているところなのですが、（提示されていた最小の）文字数が満たないような気がしています…短めでもよいでしょうか？」増井先生：「それでも書き尽くしたらそれでもけっこうです。ありがとうございます。」私：「私が短めの文章しか書けないようなところがあり、全体的にぎゅっとまとめてしまうので。一日書いてみて、先生にお送りしますね。」増井先生：「余りまとまらず、漠然としたバラバラな文章でも、意を伝わればけっこうです。まとめない努力が必要かも知れませんね。」（外出する用事の道すがら、増井先生のスーパーバイズのことをいろいろと思い出しながら歩いて帰ってくる）増井先生：「とりあえず、貴女の書いたものをおくって下さいませんか。楽しみにしています。」私：「先ほど散歩してきたら書くネタを思いつきました。私のこともう少し書いたらいいのだろうと思いました。来週には、一度お送りします！」

このやりとりを見直して、増井先生のあたたかく見守ってくださる優しさと、私の筆をすすめるちょっとした声掛けの魔法があると思いました。短い声掛けなのですが、ぐずぐずしている私に対して、「今のままでもいいし自由に書いていていいんだよ、まとめなくていいんだよ、楽しみにしているよ」というメッセージを送ってくださって、私のこころは少し自由になり、いろいろなことに思いを馳せることができるのです。自分の文章がたくさんの人に読まれて意味のある内容になっているだろうかという自信のなさや、自分のことをあまり書きたくないという防衛的な気持ちなどから、小さくまとめようとしている私に対し、そのような指摘は一切なくても、私のこころを変化させていくことができるのです。

私は今、学生相談という大学生・大学院生を対象とした相談機関に勤務していますが、若い時には周りの人と比較して、一歳の年齢差をはじめとする少しの差が大きく感じられるものです。大学生が「普通の道」から外れてしまう不安を語る時、人が一般的な「普通」を気にして生きているのだと感じさせられます。私自身も、世の中の一般的な「普通の道」からずれてしまったことに対して、劣等感を感じてしまうこともあります。しかし、現代は多様性が許容される時代ではあり、いわゆる「普通」でなくてもそれほど苦しまずに生きられるのですが、自分の中の固定観念や~であるべきという思考と、~になれない、~でなくてもよい、生きているだけでよい、という寛容さの狭間で苦悩するのだろうと思います。その葛藤や苦悩を、ふんわりと見つめる姿勢を増井先生はいつも育んでおられて、その自分の気持ちをコップや風船に入れて傍から見るなどのワークを通して、〝人の目を気にして〟元気をなくしている自分ではなく、〝自分の素直な気持ち〟を大事にして生きたらいいんだよ、ということを教えてくださっている気がします。

最後に、現在・未来のことについて書いて終わりたいと思います。ずいぶん前になりますが、増井先生がご著書に「自分の惑星を作ろう!」という言葉を書いてくださったことがあります。今の私はもはや若手ではなくなり、少しずついくつかの石ころを集めて自分の惑星を作ろうとし始めていたのですが、ある時全て砕け散って、また小さな石ころになってしまいました。小さな石ころの私は、広い宇宙の中を今も彷徨っています。そんな時、私は思うのです、増井先生にお会いしたらどうだろうかと。すると、増井先生の楽しそうな笑顔と、他者を肯定してくださる雰囲気と、増井先生が少しマイペースにこの世界を楽しんでおられる姿が思い浮かびます。このことこそ、私が増井先生からいただいた、一番大事なギフト（宝物）であるということに気付かされます。これはＡＩ（人工知能）やロボットカウンセラーには、今のところ真似できません。人のこころのなやみに、完璧な答えやアドバイスはないと思いますが、たとえそういうものがあったとしても、それが弱った人のこころに役立つでしょうか。ＡＩやロボットカウンセラーは、共感的に聴く応答もできると思いますが、深いところで共感されたという気持ちまでは、今のところならないような気がします。

こころが弱ったときに、増井先生という独自の惑星にたどり着き、先生となんやかんやとやりとりをしているうちに、だんだんとこころが癒されると思い、その魅力の一端を私なりに書いてきました。私自身は、惑星には程遠く、まだ小さな石ころでしかありませんが、少しは何かの光を映し出し、少しは何かを抱えて守り、少しは何かを伝え与えることのできる石ころになっていると思います。自分が経験してきた喜びも悲しみも、少しずつ今後の臨床に還元していきたいと思います。いつか自分の惑星ができたら、先生にご報告しますね。

私の時間／私と増井先生の時間

佐賀大学医学部准教授
村久保雅孝

スーパーバイズ経験へのナラティブ

スーパーバイズを受けるにあたって、誰にもそこに至る物語があると思う。というよりは、あってほしいと思う。それだからこそ、私が担当している事例の検討が、私自身の検討―私についての時間―になっていく。そうでなければ、事例の検討が独り歩きして「私が関わっていること」ということから離れていき、そこにもはや私は不在となる。単なる事例としての検討は、一般の学習には役立つだろうし、必要だろうが、それならばスーパーバイズとして直に先生もしくは師と会うこともない。私には、スーパーバイズは私が担当している事例の検討という入り口から入ったら、実はその事例を担当している私についての検討の時間であった。スーパーバイズにおいては、私自身を置き去りにすることはできない。だから、私は、そうなることを望んでいた。

後々に振り返ってみてのことだからわりと憶えているのだが、一九九〇年のとある心理臨床系の学会でのこと、あるシンポジウムで、当時の感じとして私はとても面白い、こんなことを言う人がいるんだと、とても興味をひかれるシンポジストに出会った。そのくせ名前も憶えなかったが、シンポジウムが終わって一言二言話しかけに行ったことは憶えている。あれはいったい誰だったんだろうと後になって確認したら、増井武士先生だった。そうはいっても、『治療関係における「間」の活用』（増井武士、一九九四、星和書店）を手にしても、しばらくは私淑するだけの時が流れた。

その後、いくつものご縁をいただき、また、自ら手繰り寄せた機会もあり、増井先生を講師とする研修会を企画した。それを機に、増井先生と多少は親しくなれた。私はますます増井先生に惹かれ、その世界に近づきたいと思うようになっていた。その世界とは、何度か増井ワールドという言葉を聞いたり、実際に会ったときに感じた雰囲気や感性や言葉や物腰など、ありとあらゆるものと言ってもよかった。

一九九九年、私の臨床心理士の資格試験の受験資格がある最後の年であった。それまであまり積極的にその資格を取ろうとは思わずにいたのだが、いよいよ受験資格がなくなると思うと、やはりチャレンジしてみようと思うようになった。思い立ったのはその年の八月一七日。周囲は急ごしらえの受験勉強では合格は容易でないと言ってきたが、不思議と私には合格への危機感は全くなかった。そして、受験に先立ち増井先生のスーパーバイズを受けることが、自分が臨床心理士となるための必須中の必須と思い定めた。

私の申し出を、増井先生はいとも簡単に（私にはそう見えた）受け入れてくれた。おまけに、私に関心があるようなことをちらっと言ってくれた（ように勝手に私がそう受け止めただけなのかもしれないが）。そして、一九九九年九月から、月に一回、翌年二月を除いて三月まで六回、名古屋市から北九州市の産業医科大学へ通った。一回はだいたい六〇分。折尾の駅から産業医科大学へは、歩くと結構な道のりだった。特に往路はだらだら坂でいい運動にもなった。私には、往路のひと汗かくその時間と、復路の、スーパーバイズを反芻しながら下る時間がともに味わい深いものとなった。特に、復路での味わいは、私についての時間には増井先生の存在がとても大きいことが感じられた。スーパーバイズを受けるというよりは、増井先生とのスーパーバイズの時間を過ごすということだったのだと思われた。スーパーバイズは、私の時間であるとともに、私と増井先生の時間なのであった。その時間を振り返って言うならば、「まったくの自由」な時間であった。

自由を満喫したスーパーバイズ

増井先生とのスーパーバイズは、いつもコーヒーを用意していただいた後、「この時間はどんな風に使ってもいいですよ」とはじまった。その後、いつもそうだった。

初めての日、「事例の話でなくてもいいですか」ときくと、右手を前に出し「どうぞ」という仕草をしてくれた。私はスーパーバイズをお願いしたいきさつやそこに込めた思い、この時間が臨床心理士の有資格者になろうとする上での関門のように思っていることなどを話した記録がある。思いだすのは、「関門」の話をしたときに増井先生が笑われたことである。私はその笑いで気持ちが多少、軽くなったのだろう。私にとってこの時間がいかに大切で貴重なのか、あれやこれやと力説した。スーパーバイズというより、自分のことを話すことで精一杯だった。予定の六〇分はあっという間に過ぎた。時間は気になったが、六〇分を超えてもまだ話したい気持ちだった。話しても話しても伝わらない感じではなく、話すことがことごとく伝わっていく実感があり、こういうことはそんなに経験できることではないと思った。私は、また次があるからと思い、次回の約束をして辞した。

帰路、こんなことでは（事例の話をするでもなく、自分のことばかり話していては）六回ももたないのではないかとの思いがわいてきた。しかし、それにも増して何か満たされた感じもあった。私は「関門」とし、何かしなければならない、学ばなければならない、理解しなければならないなどとたしかに思っていた。それが私を育てることであり、臨床心理士としての私に必要なことと思っていた。同時に、何とも言えない増井先生の魅力をもっと実感し、何か少しでもあやかれないかという欲もあった。折尾駅に着くころ、私の中では欲が勝った。ねばならないと思っていたいくつかのことは、棚上げすることができた。棚上げにしたのではなく、そうできたことが大事に思えた。増井先生とのスーパーバイズに至るプロセスを考えたら、必然のなりゆきだったとも思われた。

二回目以降も、初回と似たように始まった。事例の話も交えただろうが、やはり私は自分のことを話した。記憶はほとんどそうであるし、多少の記録にも事例のことは残っていない。記憶にあるのは、増井先生とのスーパーバイズの時間は、まったくの自由だったということ。ただ、それは、増井先生が私を自由にしてくれたからではない。もちろん、私の自由を妨げることはしないが、増井先生によって私が自由にされたわけではない。また、私が主体的、能動的にしたいようにしたからでもない。私が何かができたから、何かをしたから、あるいは何かをさせてもらえたからではなかった。私が自由だったのは、私が自由を感じていられたからであった。何かをした／できたという、私の外で自由が起こっていたのではなく（ことがらや出来事としてはそういうこともあっただろうが）、私の内面が自由であり、私が自由の過程の中にいたのであった。そう、私はスーパービジョンの時間、自由になったのである。今になって、それを「中動態」の言葉として理解できる。

ところで、臨床心理士の資格試験は予定通り一九九九年に受験し、二〇〇〇年一月に合格通知を受け取った。その月のスーパーバイズで合格を報告すると、増井先生は喜んでくれた。私も一つ肩の荷が下りた気持ちで、さらに随分と楽にこの時間を過ごしたように思う。最後の会は、自由と楽の相乗効果が楽しみになった。

他者から突破されること――人が変わるとき

少し遠回りになるが、増井先生とのスーパーバイズを語るにあたって、この人の話から始めたいことがある。

もう一人、大学に入ったころからその名を知り、その仕事にも関心があったものの、それが見るのではなく演じる方の演劇関連であったため敬遠していた人がいた。竹内敏晴先生。身近に竹内先生のレッスンに通っている人もおり、そのレッスンにはますます惹かれるものの、演じるということへの苦手意識が強く、著書は読むもののこちらも長く私淑していた。レッスンへの誘いは度々受けたもののことごとく断っていたが、一九九三年、とうとう私は誘いに乗り、竹内先生のレッスンを受けるようになった。レッスンではあったが、実は短大の授業であり、受講する学生に、いわゆる竹内レッスンに通い慣れた人はいなかった。私にはビギナーに紛れてなんとかなるだろうとの思いと熱心な誘いもあって、とうとう参加した。二〇〇〇年の終わりころまで、私としてはずいぶん長く、定期的に通った。

ある時期、竹内先生の書下ろしでマザー・テレサの半生を描いた「愛の侵略」の上演に向けての取り組みもあった。学生のほか、その短大の教職員やOGも集ってきた。他所でいわゆる竹内レッスンに参加している人もいた。上演に向けての稽古は、なかなか厳しいものであった。端的に言うと、竹内先生の演出は「演る（やる）のではなく、生きる」のだということであった。言葉の理解はできなくもないが、それほど上手に演れるわけでもない。ましてや「舞台で生きる」のだと言われても、具体的な像は結べない。私だけではなく多くの参加者が試行錯誤をする中、竹内先生の演出というかレッスンは、私の在り方に迫ってくるように感じられるようになった。迫ってくるというより、ゆさぶられる感じと言えるかもしれない。

ある時、稽古が終わって仲間と遅い夕食を取って帰ろうとすると、珍しく竹内先生もその中にいた。竹内先生にゆさぶられる感じについて話すと、そういうことはあるだろうと言うのだった。そして「村久保君も割りとゆれる方だね。しかも、上手にゆれているよ。そして、一定の幅の中でしかゆれない。しかも、その幅は他の人よりちょっと大きいかもしれない。しかし、その幅を絶対に越えないね。」と言う。

私は、どうしたらいいのかと尋ねると、「どうしようもないよ。人が変わるときというのは、他者から突破されるときなんだ。」と。

さて、増井先生との何度目のスーパーバイズだったか、私は父との葛藤について話していた。青年男子としてはよくある話だったのかもしれない。ただ、そのころにはその葛藤も整理がつき、私は整理をつけた私を伝えたくて、その話題を持ち出した。

私は三〇歳のころから本格的にエンカウンター・グループに参加しだし、年に一～二回は出かけていた。後にはファシリテータもするようになり、今も続けている。私はあるエンカウンター・グループで、今でも交流のある先達に出会い、その人がいるグループでならばと思い、父との葛藤を取り扱った。そして、メンバーにも見守られながら、私なりの決着を得るに至った。かなり思いつめた無理やりの決着ではあったが、自分では納得できた。それは、どれほどの葛藤があるにせよ、父は幼い私を膝にのせ「かわいい」と一度は確実に思った、それで十分ではないか、というものだった。この時のグループのメンバーは、この決着の談を受け容れてくれ、私をサポートしてくれた。この話は他のエンカウンター・グループでも、私の内的経験談として聞いてもらうことがあり、やはり受け容れてもらえた。私は、増井先生にもそういう私を知ってもらい、受け容れてもらいたかった。予定調和的な受容を期待していたことは否めない。

一連の話をし、かなり思いつめた感じもあったと思うが、私が確実に一度は、と話した時、増井先生は一言「何度もね」と応えた。

私は一瞬にして砕け散った。一瞬、何が起こったのか分からないくらいだった。しかし、多少の間はあったと思うが、「何度もね」という言葉が全身を貫いた。エピソードとしてはこれだけのことなのだが、私はまさに突破された。葛藤の決着をつけたことは、私には確かに前進ではあった（かどうかは実は分からない）のだが、ちっとも楽ではなかったし、ハッピーでもなかった。ただ引きずらなくていいことが収穫ではあった。それがほぼ一瞬にして崩れた。後に残ったのは、何とも言えない爽快感であった。そうだ。それでいいのだ。一度は…などと思いつめず、何度もあったのだ。私は、たぶん、少し変われた。

そういえば、竹内先生は稽古の最中「村久保君、いろいろやってくれるのは分かるけど、ちょっと違うんだよ。ちょっと違うってのは、全然違うんだよ。」と言っていた。少し変われたということは、案外大きなことだったように思われる。

他所でこの話をかいつまんで話したところ、思いつめたプロセスもあったからそこに至れたのではないかと言ってくれた人もいた。しかし、私にはどうでもいいことだった。ほとんどすべて、過去に収まったのだから。

最後のスーパーバイズ

当初の計画にあった増井先生とのスーパーバイズは、二〇〇〇年三月一七日が最終回だった。この日は私が勤めていた大学の卒業式の日。式典に出席し、急ぎ福岡へ飛んだ。最後のスーパーバイズで、私はあわよくば延長というか第二期というか、次のステップのスーパーバイズに向かうことを目論んでいた。なにしろ、自由で楽だったのだから。しかし、それは私の予感通り、叶わなかった。お別れの会のような気分を味わいつつ、最終回は終わった。午前中は学生の卒業式だったが、午後は私の卒業式のようだった。

増井先生からは、自分が感じていることを可能な限り正確に言葉にすることを教わった。それはこの半年ほどの間に、前進したと思う。何より、そういう観点を得たことが大きかった。感受性はクライアントに向けるだけではなく、自分自身にも向けるように心がけた。できれば、自己に沈殿し過ぎず、軽やかにそうできればと今でも思っている。

また、時々、面接の後やときにはその最中、こういうとき増井先生だったらどう言うだろうかと思いめぐらすようにもなった。空想の世界に行き過ぎないように気をつけたが、空想の中での増井先生との対話はついつい展開していくことも少なくなかった。そしてそれはなかなか快適で、今でも面接に関係なく、たまに楽しんでいる。幸いにも、私にはそういう人、こんなことをあの人だったら何と言うだろう、どう受け止めるだろう等と思いめぐらす人が数人いる。

それから、スーパーバイズという形で増井先生と二人でいるときの若干の緊張感と心のうちで実感していた自由、一緒にいる充実感と何をゆだねても大丈夫と思える安堵感は、私にとって特別の時間であった。その人といるだけで自分が安心で満たされる。これも幸いなことに、私にはそういう人が数人いるが、増井先生もその一人になった（若干の緊張感は消えないが）。翻って、自分はどうなのだろうか。私と一緒にいる時、二人でいる時、クライアントは、あるいはその人はどう感じているだろうか。そもそも何か感じているのだろうか。知りたければ聞いて確かめればいいのだが、なかなか聞けるものでもない。一応、今のところ避けられてばかりいるようではないのでまあまあなのだろうと思うことにしている。

最後のスーパーバイズでは、今にも至るこういった話を当時のこととして話しながら終わりを迎えた。最終回にふさわしい気がした。増井先生は、時間が来たからなのか総括してなのか、あるいは両方なのか分からないが「そろそろいいでしょう」と言い、とうとう終わった。増井先生と私のスーパーバイズは、その言葉の通り、そろそろいいころだったのだろう。

帰路、私は妙にさびしい気持ちと一人になった感じと、何か畏れる感じ、そして何かを失くした感じと何かが始まる感じを味わっていた（と日記に書いてある）。

　こういう状況が苦手な私は、実は翌日に設定されていた増井先生のグループ・スーパービジョンに参加する予定を入れていた。日を変えてまた増井先生に会った私は、なんだかすがすがしい気分であった。まだまだこれから、どんどん続くのだと思った。

自分で選ぶことを見つける

九州産業大学人間科学部講師
小林純子

はじめに

スーパーバイジーとして増井先生の前に座るということは、ある意味「素の自分」に戻る作業となる。その「素」とは、自分のしたい放題にするとか、あからさまな自分になるとかそのようなことではなく、自分は臨床で何を大切にしたいのか、自分はクライエントとどう一緒にありたいのか、自分はどのような人間なのか、その足元を照らす作業となる。

スーパーバイズの時間で全て解決するわけではない。しかし、毎回スーパーバイズが終わると、少しぼうっとして、あれこれ考えこんでいたことがスッと抜けたような感覚を体験する。その後、ジワジワと時間をかけて、自分の中で色々な考えの収まりどころを見つける作業を行っているようだ。

増井先生との出会い

私が増井先生に初めてお会いしたのは、修士課程一年の集中講義である。すでに増井先生の話は、先輩方から伝え聞いていた。集中講義の朝、時間より早めに増井先生が教壇に座っていらして、あきらかに只者ではない雰囲気が漂っていた。そして、何かの拍子に増井先生のポケットから、なぜか卵がポロリ。我々は、「これは何か臨床上のメッセージかもしれない…」とザワザワ。結局数年後、前泊されたホテルの朝食のゆで卵だったことが判明した。

その後の増井先生の集中講義は、当時学び始めた我々の心を揺り動かす時間となった。初日から、知識的な側面への働きかけ以上に、心の奥を揺り動かされる時間となり、頭が飽和した状態を体験した。二日目の午後、増井先生はこの後の時間をどう使いたいかと院生らに問いかけた。私達の一部は「海に行きたい」と言い、増井先生は「それはぜひ行ってこい」と許された。その後、実際に私達は集中講義を抜け、仲間の車で海に行った。海に向かってぼうっとたたずむ者あり、泳ぐ者ありで、忘れられない時間であった。

修士二年で再度増井先生の集中講義を受けた最後に、ぶしつけにもかなりの勇気をもって増井先生に「いつか先生のスーパーバイズを受けさせていただきたい」と伝えにいった。増井先生はYesともNoとも言えないお返事をされた記憶がある。

増井先生のスーパーバイズを初めて受けたのは、博士課程二年の終わりである。最初、お手紙をお送りしたところ「今とても忙しい」とのことで一度断られ、しばらくした後、二度目のお手紙でお引き受けいただいた。初回のスーパーバイズは、増井先生の当時のご所属先であった産業医科大学の研究室で、緊張しながらケースのこと、そして自分自身のことを話した。増井先生は「三回試してみて、あなたにここでの時間が意味があると思ったら続けたらよい」とおっしゃり、その選択権が自分にあることに小さな衝撃を受けた。その初回のスーパーバイズの後、増井先生は、私をお蕎麦屋さんに連れて行ってくださった。「ここの店は広くて良いんだ」と卵とじ天丼をごちそうしていただいた。特に先生と話すわけでもない時間だったが、緊張と様々なことでヨレヨレだった私の心にしみた。それから、院生～精神科常勤カウンセラー勤務時はおおよそ二カ月に一度のペースで、その後、大学の学生相談室常勤カウンセラー勤務時から大学教員となった後にも、間隔を約一年とあけながら、時々お会いしに行かせていただいた。

スーパーバイズの変化

博士課程時のスーパーバイズの体験は、どちらかというと臨床現場における自分自身の反応に目が向きがちで、自分がどういう感覚を持っている人間なのかを考える時間が主であった。私の修士、博士、そして現在もご指導いただいている指導教員の先生は、私が、増井先生にスーパーバイズをお引き受けいただけたと報告した際、「それは良かった。行ってきなさい」と言ってくださった。その後、私はスーパーバイズでの状況を、指導の先生に特に報告したわけではない。しかし、増井先生の元でスーパーバイズを受けている私のプロセスを、見守ってくださっていたと感じる。この指導教員に見守られながらスーパーバイズを受けるという状況は、臨床を学ぶ人間としては恵まれた状況であったと思われる。適切に見守るという教員としての姿勢は、私の今の学生指導の指針でもある。

院生を修了し、精神科臨床に携わり医療機関の常勤カウンセラーとして担当ケース数が倍増した時点から、スーパーバイズの意味合いが変化した。スーパーバイザーによって、スーパーバイズのやり方や方針は異なると考えられるが、私が受けていたスーパーバイズは、おそらく、プロのカウンセラーとして私が私なりの方法を見つけて、将来的に実際にクライエントの役に立つ臨床を行っていくことができるよう、具体的に、時に抽象度高く指導を受けていたと感じている。

私は、病理性のあるクライエントと安全に効果的に関わり支援するヒントを増井先生と相対しながら一生懸命つかもうとした。また、より俯瞰した所から自分のパーソナリティの深部について考えた。増井先生は、私の話を聴き理解しようとされた。また、時に叱り、笑い飛ばし、時折方向がぶれる私の状況を修正する指摘を与えた。そして『今できなくてもいい。ただ一〇年後あなたが臨床をやっていて、いつかそういうふうにできればいい、と思って話をしている』と伝えていただいた。

大学学生相談室の常勤カウンセラーへと異動してしばらくした後、増井先生より「ケースのバイズはおしまい。これからはあなたは、ケースのことは自分で考えてやってみなさい。論文のバイズはしよう」とお伝えいただいた。その後は、論文についてご助言いただきながら、臨床について考えていくことがメインとなった。

要を見つける

増井先生のスーパーバイズで私が学んだことの一つは「自分で選ぶ」ということである。時々スーパーバイズを受けながらも、「それは私にはできない」と思う時があり、増井先生の言うことをきかないことがあった。言うことをきかないというよりも、そちらを選択しないという判断である。それは私自身の主体的な選択であり、増井先生はそれを尊重し否定されるようには感じなかった。

実は、これは通常、目の前にスーパーバイザーがいる状態では難しいことである。スーパーバイザーとスーパーバイジーには、経験値に差があるのが当然で、自ら指導を受けにいっている限り、違和感があったとしても指導内容を一旦そのまま受け入れてみることは通常起こりうる自然な流れである。スーパーバイザーの意見をその場では受け入れる振りをしてみることもあるであろうし、そのまま受け入れてみることでスーパーバイジーの中で新しい視点が生まれる可能性も十分にある。しかし、スーパーバイジー自身の違和感は違和感として持ち、横に置かずにその違和感は何かを考えることは、自らの臨床をつくっていく大切なプロセスとも思われる。私はそのプロセスを、確実に歩ませていただいた。

心理臨床には言葉になる部分と言葉にならない部分がある。それはクライエントの心にもあり、カウンセラーの心にもあり、また両者の関係性の中にも存在する。増井先生とのスーパーバイズは、カウンセラーとしての核を言語化しようとする作業であるように思う。近年、私が増井先生とお話している時に感じる感覚がある。ケースや臨床論文について、自分の考えや感覚をまとまりなくポロポロと話し、それについて増井先生が質問や助言をくださる。そして、その増井先生の言葉から触発されてまた自分が言葉を重ねていくと、あるポイントで増井先生が「それがあなたにとって大事なことだ。この論点の要だ」とおっしゃり、今、自分が話した中に答えがあったのか、と気が付く。その気が付いたことを、自分自身で咀嚼し受け入れていくというプロセスである。

おそらく私は、気を楽にしたいがために、スーパーバイズを受けにいっているわけではない。自分の中の整理できない何かを、スーパーバイズでお会いする増井先生を通して、整理してクリアーにしようとする作業をしていたのだと感じる。その結果、思いがけずスーパーバイズの後に「気が楽になった」ことに気がつくのである。

おわりに

増井先生から、スーパーバイズについての本を出すので、スーパーバイジーの一人としてあなたのスーパーバイズ体験を文章にしませんかとご連絡いただいた後、とても迷った。また実際に文章にしようとして何度も行き詰った。その理由は明確で、私が持っているスーパーバイズの体験は、体験としての実感は強いものの、言語化しようとすると掴みどころがない言葉となるため、私自身がしっくりこないのだ。

増井先生とのエピソードは、ああ、あの時叱られたなあ、思いがけず褒められたなあ、励まされたなあ、研修会後の飲み会で増井先生とケンカしたなあ、大事な時に守っていただいたなあ、など次々思いつくにも拘らずである。しかし、この言葉にしきれない所に私のスーパーバイズ体験の核があり、その核は言葉にせず持っておきたいのかもしれない。おそらく、この言葉にしきれない感覚が私のスーパーバイズ体験の核であろう。

私はどうしたいのか？　願いはなにか？
自分に優しく問えるように

東亜大学大学院臨床心理学専攻講師／スクールカウンセラー
姜　潤華

いつから増井先生のスーパーバイズ（以下、ＳＶ）を受けていたのか正確に思い出せませんが、二〇一〇年に大学院に入学し、その年の集中講義を受講した後に、〈有名な先生のところへＳＶに行くのは恐れ多いなぁ〉と気おくれしながらも、臨床心理学専攻の『外部ＳＶ補助制度』もあり、せっかくだからと同学年の学友と申し込んだのだと思います。そのときのＳＶで何を聞いたかは覚えてないですが、下車する駅が間違っていて、慌ててタクシーで最寄り駅に行き、直子さんがお迎えに来てくださっていたことを今思い出しました。とても緊張していたのですが学友がいてくれたから、かの有名な増井先生のところへ行けたのだと思います。今でもとても大切な仲間ですが、本当に感謝しています。

その後は自分一人で行けるようになりました。非常勤で色んな職場で働いていたので、その時々気になることを好きなタイミングで聞きに行かせてもらいました。

先生や直子さんはまるで実家のようにいつも温かく迎えてくださいました。先生と話さなくても、私にとってはお宅そのものが癒し空間のようなのです。自然体のままでいながらも、お花一輪一輪、飲み物一つ、手作りのお菓子、スリッパにまで、私が少しでも心地よく過ごせるように、SVの時間が良い時間になるように、という直子さんの温かい心遣いが宿っているように感じるのです。例えば、コーヒーか紅茶かそば茶か、温かい方がいいか冷たい方がいいかなど、丁寧に私へ好みを尋ねてくださり、机やトイレに庭の可憐な花を摘んできて飾ってくださっていることなどから、私を迎え入れてくれようとする温かい感じを全身で受け取るのです。テーブルのお花と飲み物とスイーツとランプを写真に撮らせてもらい、見返しては幸せな空間を思い出しほっとすることもありました。私の中に素直な嬉しさや気持ちよさ温かさリラックスする感じが自然と湧いてくるのです。

帰りもです。いつもお外までわざわざお見送りいただき、「気を付けて帰るんだよ～」という風な、ほんっとに温かい気持ちを受けてお宅を後にします。亡き祖母が『真からその人と向き合え』とか『心から分かろうとすれば分かり合える』とかそういうことをいつも言っていましたが、増井先生のお宅で私たちはそういうやりとりが行われているのだろうと思います。増井先生のお宅に行くとよく祖母のことを思い出します。

多分一〇年以上SVを受けていると思うのですが、大体私は、「あんたはあんたのままでええやん、そのままでいい」と言う風なことを言われて、〈ああやっぱりそうなんだなぁ、私のままでいいんだ。またがんばろう〉と思って帰ってくる感じがします。とにかく、素直が一番。活字が苦手な私へ半分冗談半分本気のような感じで「神田橋先生も『読書の弊害』って言っとったと思うよ」と言ってくださったり、「そのままの自分の感覚を大切に素直に患者さんとやりとりすればいいんよ」と言ってくださることなどから、〈自分でダメだと思っていたことはそんなに悪いことではないのかもしれない〉と自分のことを思えるようになりました。お墨付きをもらったので、〈この調子で本を全く読まないぞ！〉と居直るわけではないのですが、苦手は苦手でその『能力』を活かしながら、今の自分で誠実に目の前の人に会えばいいのだぁと、自分自身へ優しい眼差しを向けることができるようになりました。

増井先生のＳＶは私が日頃行うカウンセリングの中で次のように活きてきました。

・人間も人間の悩み事も自然の一部で川や自然の流れのようにとらえて考える
・イメージで苦しむときにはイメージで『問題』と少し距離をとってみたり、整理をしてみる
・本当の願いはなんだろう？　と考えてみる
・自分があまり見たくないと思っている『ダメな自分』も〈自分の一部だ、しかたないわ、私はこんなもんだ〉と言う風にありのまま丸裸で、隠さずに、そして〈自分の力量でできることはこんなもんですが…〉と素直にお伝えする
・一回一回の面接で最大限出来る限りのことをさせていただく
・具体的に必要なものや役に立ちそうだと思うことは積極的に情報提供する

こんな風に過ごしてきました。

人と接する時に、地位が高いとかお金があるとか、勉強が足りないとか、そういう表面のところではなくて、その人の本当の願いは何だろう？　その人の心はどんな感じなのだろう？　と、決めつけや思い込みなく、言葉にならない感じにもピントを合わせていくことが身につきつつあります。お陰様で校長先生や『偉い人』と話すときもそんなに緊張しなくなりました。

クライエントさんに会うときは、自分の頭を真っ白にということや、私が普段カウンセリングの中で考えたりお話したりそこにいる姿勢は、大体増井先生から教えてもらったものになっている気がします。今、まるで

先生が亡くなった後に書いているみたいな気分になってきましたが（笑）、私の生き方や私のカウンセリングには、先生や直子さんの在り方が流れている気がしています。

増井先生には個人的にSVを受けるだけでなく、東亜大学で毎年行われる集中講義にも参加させていただいたり、各種研修会などにも参加したりしています。先生の話は、何度も聞いたことある話でも何度も聞くのが楽しいし、毎回毎回その時の自分の置かれている状況は変わっているということもあり、その時々違うことを連想したりするので、ずっと面白いのです。グループの中での学びもとても面白くエネルギーをもらって帰ってきています。

研修中に増井先生から発せられる、「疲れた」「くたびれた」という声にはじめの頃は、〈講師の人がそんなこと言っていいの～?!〉と驚いていたのですが、先生の『仮面』の無さのようなものなのかと思い、講師やカウンセラーも疲れるし、自身の感覚に敏感でいることの大切さや、それを素直に表現してもいいということを見せることで、受講者やクライエントさんもそのままの自分で参加してもいいのだなぁと感じやすいことを改めて知らされました。

「SVも都合が悪ければドタキャンOKだし、SVよりも寝たり、遊んだり、食べる方が良ければそうすればいい」とおっしゃるのも最初の頃は〈へ～～！　失礼じゃないの？　そんなのあり？〉という感じでしたが、今では遠慮なくドタキャンできるようになり、自分の感じを大切にできるようになりました。ある種自分の感じを素直に感じ動くという臨床の訓練のようにも思います。世の中の一般的な『常識』よりも、自分の心の感じを第一に大切にする生き方です。そのような姿勢でいていいよ、ということが、私が安心して居られることなのだろうと思いました。

初めの方はカウンセラーとして良い臨床が出来るようにとSVに来たのかもしれませんが、臨床心理学を学び先生のＳＶを受けて、『自分は自分のままでいい』という風に私自身が自然体で思えるようになり、結果的には自分自身が一番ラッキーだったと思います。カウンセラーである私自身が解放されているというようなイメージで、凝り固まってなくて、流れている、自然体でいられることが、良いカウンセリングに繋がるのではないかと思います。自分自身のメンテナンスのためにＳＶに来て、自分を振り返って、凝りをほぐしてもらって、またふわふわの状態で日常に戻っていくということをやらせてもらっていたような気がします。何と言ったら伝わるか分かりませんが、マッサージやエステやヨーガのようなイメージに近いかもしれません。なんだか整うのです。

私は山口県出身で在住の在日朝鮮人三世です。日本で生きるのはかなりしんどいなぁと思うことが実際には沢山あります。マイクロアグレッションから制度的な差別など規模の大きなものまで様々です。臨床の現場では不登校の方、神経発達症（発達障害）の子どもをもつ保護者の方、家族のことで胸を痛めているお子さん、ＤＶの被害や性被害に遭ってしまった方、セクシャルマイノリティの方々、在日コリアンだということで苦しい思いをしている方々、色んな方々と出会います。いつかのＳＶで「最後は祈りのようなこと、祈るしかないというようなときもある」というようなお話をしてくださった時があると思うのですが、私はいつも目の前の方が少しでも楽で苦しみが少なくて、苦しさといい距離感でいられるように、と思いながらカウンセリングの場にいます。

同時に社会を変えたいという思いにもかられています。カウンセリングか？　社会運動か？　または別の形の何かなのかはわかりませんが、どれか一つということではなく、それこそ自然体で自分の気の向くままに色んなことに取り組んでいきたいなぁと思っています。楽しいことばかりではないし、自分のマイノリティ性は変えられないけど、それによって見えることも沢山あります。他の誰かになろうとせずとも「あんたのままでええんじゃないの」という風に、誰も皆その人のそのままで生きていけるようになるといいなぁと思います。増井先生のＳＶが自分にとってどんなだったかなぁ？　とふと振り返ると、今の様なことが頭に浮かんできました。私にとってお二人と出会えたことはとってもありがたいことでした。そしてこれからもお二人と冗談を言い合いながら楽しい時間を過ごしたいです。またお世話になる気でおります。よろしくお願いいたします。

人生の歩みに重ねるスーパーバイジーとしての過程

心といのちの性教育研究所主宰／北九州市スクールカウンセラー
畑中美穂

第一期：出会いの時

増井先生について、〝風変わりな先生〟であるというのが私の抱いた第一印象である。

先生とは大学院の修士一年目前期の『青年期臨床心理学特論』の集中講義で初めてお目にかかった。そもそもの対象学年の学生よりも多い人数のビジター（院の先輩や外部の臨床家の方たち）がおられる中、少々居心地は悪く、講義の形式自体にも定まった内容やテキストがあるわけではない。対面して簡単に挨拶をされた後、先生は三日間をそれぞれ午前と午後に分けてセッションの例をいくつか挙げ、【どの時間帯に何をしたいかを自分たちで相談して、決まったら伝えに来て】と指示を出された後、さっさと講義室を出て控室に行かれた。置いていかれた学生は皆、唖然とし、しかし「これを決めてしまわないことにはあの先生は〝本当に〟講義には戻って来られないぞ」ということだけはわかり、急ぎ相談をして何が何やらわからないまま始まった講義であった。

次に先生にお会いしたのはその三年後、博士課程に進んでからである。今度はビジターの立場で参加した。この時、どうして再び先生の講義を受けようと思ったのか明確には覚えていない。しかし単位のためではない講義への参加は、増井臨床のみならずその後の先生とのお付き合いの始まりでもあったと思うと感慨深い。私はこの集中講義の後から先生のスーパーバイズ（以下、SV）を受けるようになった。

以下に初めての集中講義でのレポートから、抜粋して記す。

■『青年期臨床心理学特論レポート』（抜粋し、修正加筆）

全くの〝謎〟に包まれたような中で始まった集中講義であったが、それぞれのセッションの中での先生のお話はいずれも、語られる言葉の底にクライエントに対する深い愛情が溢れているように感じた。それらの言葉を、自分が将来心理臨床に携わる者として、またクライエントとして、そしてひとりの人間として、様々に身を置いて聴いていたように思う。先生の言葉はどのような立場にたっても聞こえてくる〝声〟であった。この三日間はとにかくただ夢中で過ぎたのであるが、終わってから日を置くごとにじわじわと感じるものも多くある。先生に学んだことは、固く乾いた地面に撒かれた水がすぐには染み込まないのと同じように、馴染んでいくための時間が要るだろう。水を染み込ませる、そして学んだことがいつか栄養となって生かされるようであればと望む。以下に印象に強く残ったセッションについて記す。

〈第一日目　午前：ワーク「今の気持ちを音にすると？」〉

このワークは二人ずつのペアを組み、その時の気持ちを音に表して聴き合うというワークであった。私の番の時、比較的長い時間音を出していたが、途中から〝気持ちに音がなくなった〟。それまではどんどんと湧いてくる気持ちに耳を傾け、それをそのまま流れるように音として発していたのだが、ぽつぽつと聞こえなくなりだし、最後にはとても静かになった。この時、心は穏やかに落ち着いて平らかであり、色で言えば淡い白いイメージとして心地よく感じられた。心身共にリラックスしたほっとした感じを味わった。

実はワークが始まるまでは、講義の最初のセッションということもあって「これから一体何が始まるのだろう？」と心が固く感じられていた。ところがワークを通じて心が穏やかに感じられるようになっただけではなく、音を出し終えて目を開けた時の「相手の人がきちんと傍に居てくれた」という安心感はとても大きなものであった。聴き手の人がそっと傍に座ってくれていて、私が語ることに関心をもって耳を傾けてくれるという経験は、その人に対する温かい信頼感を抱かせた。増井先生はこのセッションについて、【カウンセリングの原点っていうのはこんなもんや。言葉を伝えるよりも大事なこと。対話というのはそういうもの】とおっしゃった。自分の気持ちの音を聴いて、十分に味わい、発し、さらにそれを静かに傍で聴いてくれている人がいる。この感覚を、聴いてもらう側の体験としても聴く側の体験としても、心に留めておきたい。

〈第一日目　午後：増井先生の面接記録音声を聴く「不登校の母子面接」〉

全体を通してまず思ったことは、先生がクライエントに対してご自分の気持ちをかなりよく、多く伝えられているということであった。いわゆる教科書的な「…であってはならない」事ごとのひとつとして、「心理臨床家は自分の思いを語ってはならない」と言われていることがすでに私にも浸透していると感じた経験であった。先生のおっしゃる【（自分はこう思った、という）気持ちを伝える】ことは、一般的なマニュアルの枠の中ではタブー視されることさえあり意外な感じもするのだが、考えてみれば、人対人の関係の中ではごく自然に行っていることである。先生の面接場面を通じれば、〝カウンセリングは人対人の間でのこと〟という当たり前のことに気付く。ただその際には、【コンパクトに伝える】ことを意識することで【クライエントを混乱させない】といったカウンセラーとしての立場（ある種の思いやり）が加わるとのことであった。

面接テープでは子の語りと母の語りをそれぞれ続けて聞いたが、その両者に対しての先生の配慮と距離の置き方には工夫を感じた。時に相手に同意して思いを存分に吐き出させ、ガスを抜いたところで本人に納まりのよいように方向を確認しあう場面で、クライエントに「同意」することは必ずしも「味方」になるということではなく、「指示」ではなく「納得を伴う提案」を行うことで母子それぞれに対しての平等が保たれた様子がリアルに聞き取れた。母子面接は一般的には「母子の担当は別にした方が良い」ともされるが、先生のご経験から【親子はひとりで担当をした方がよい】とのこと。双方にとってのタイムリーな関わりができる利点を学んだ。

〈第二日目　午後：ロールプレイングその①〉

せっかくの機会だと思いカウンセラー役に立候補した。クライエント役の学生の相談は母親との関係についての内容であった。初めのうちは相談の全体像を把握することに努めていたが、ある段階にきた時にぽろっと、「私には、ふたりの関係はなんとなくこのように見えるんだけど…」とイメージと共に感じたことをそのまま伝えた。するとその時点からお互いの距離がぐっと縮まったように感じた。恐らくその時点辺りから、周囲の人たちの目にも「どんどんと自然な感じで話が進んでいった」、「穏やかな雰囲気の中で、お互いの距離がとても近い感じでやりとりができているようにみえた」という感想にあった状態になっていたのではないかと思う。後にクライエント役の学生は、「自分ではよくわかっていなかったことなのに、どれも私の感じにぴったりのことをたくさん言ってくれたので、目から鱗がいっぱい落ちた」と語ってくれたが、私自身も「あ！　この感じで合っているんだ！」とすっと通い合うような心地よさを感じられてうれしかった。自分から見える〝感じ〟を相手に伝えることについて、初めは「どの程度伝えたらよいのだろう」と少し戸惑いもあったが、〝伝えることで伝わる〟という当たり前のようなことを実感できたことは大きい。このようなすなおなやりとりを通じて関係は促進されるのかもしれない。

終了後、増井先生から【あなたの持つ雰囲気も優しい感じがあったし、それでやっていったらいい】と言っていただけたこともうれしかった。クライエント役の学生は「目線やうなずいてくれる感じや、態度などの全体の雰囲気が、とても落ち着けて話しやすくてよかった」と言ってくれた。自分が持つ雰囲気についての視点が与えられたことは、そのことの大切さに気づく機会になり、自分の〝持ち物〟として備わっているものであるなら恵まれたことだと思う。よいことは、大切にしたい。

〈第三日目　午前：ロールプレイングその②〉

このセッションでは見学者の立場で参加した。前日に自分がロールプレイをしたこともあって客観的な立場で見ることができ、「もし私がカウンセラー役だったら…」と思いながら聞いたこともおもしろい経験であった。我が事も振り返りながらカウンセラー役の学生について思ったことは、クライエントには「普通に接したらよい」ということ。カウンセラーという役割に縛られてしまうのではなく、「要は〝人対人〟なんだ！」ということを感覚として強く思った。また「わからないことはクライエントに尋ねたらよい」ということも、二人のやりとりを見ていて思ったことである。カウンセラーが尋ねることで掘り起こされるものがあり、徐々にクライエント役の学生が自ら答えを導いていく過程がみられて興味深かった。この場面について先生は、【(クライエントが）考えやすい状況さえ作れば知恵はすぐに出る】とコメントされた。

また、話を聴く時に気をつけなくてはいけないこととして、〝思い描いていることはその人にしかわからない〟ということである。ロールプレイ中、クライエント役の学生に「垣根」のイメージが思い浮かびそれを絵に描く場面があったのだが、その垣根は私が想像していたものとは全く異なっていて、同じひとつのイメージでもこれほど異なるものかと驚いた。このことが示唆するのは、クライエントと一つの同じことについて話をしているようでいて実はかけ離れてしまっていることもあるということである。ロールプレイではそのことを目の当たりにした。今回は絵を描くことで確認できたが、クライエントと同じものが〝みえる〟ようにすり合わせていくことが重要である。ことにカウンセリングが目指す方向を共に【絞って、こすり合わせていく】作業では、先生が【〝あなたはどうしたいの？〟というクライエントへの問いかけは大切である】とおっしゃるように、クライエントの語る言葉への感受性を鋭くしなくてはならない。その意味では絵の活用は、絵という媒体を人対人のやりとりにプラスすることができ有効であると思った。

他に、増井先生は【クライエントが、起こった問題に対して過去にどのように対処をしたかという問いは、その人の能力をみる重要な視点だ】とおっしゃった。対処の中には「うまくはいかなかったけれども最悪の事態は免れた」とか「低空飛行ながらも墜落はしなかった」といったマイナスの中のプラス体験もあると思う。その人がどのようにやり過ごすかということは、すでに持っている能力を、活用できるリソースとして在ると認めることである。カウンセラー自身にとっても重要な視点であると思った。

〈まとめとして〉

実は大学院に入ってから、それ以前に漠然とあった「カウンセリングとは何か」のイメージがどんどんわからなくなってきていた。増井先生の講義を受けて、明確に「これ」と言えるものではないが、なんとなく「こういうものかな」という感じが自分の中に在るようになっている。下記①〜③のようなイメージを挙げる。これらのようにイメージをすると、カウンセリングで大切なのは〝人〟そのものであり、その〝人〟とは、〝クライエント〟であると同時に〝カウンセラー〟自身でもあるような気がしてくる。どうだろう？ ともあれ、今後、実際にクライエントに出逢っていくことが前ほど重苦しいものではないような気がしていることが、この数日の間のとても大きな私の変化である。

①『その人（クライエント）が自分では見えないものをカウンセラーとの間に置いてみて、どのように見えるかを伝えてみたり、お互いに違和感や「少し違う」ところを近づけていったりしながらぴったりとしたところを探していく』

②『その人（クライエント）がばらっと広げた〝荷物（想い）〟をどう整理すればよいか、考える環境を整え、ある時はカテゴライズするのを手伝ったり、捨ててもよさそうなものを見つけたりする作業を傍で見守る』
③『静かにそっと傍に居ること。その人（クライエント）が表現をする場』

第二期：解毒の時／死と再生の時

この期は、先生のクライエントとしての私の、セラピー関係にある二つの期について記す。ある時期、私は自分が抱える荷（悩み？　問題？）を重く感じていた。また喪失の経験が重なった時期があった。この時期に重なる先生とのセラピー関係を経ることにより、私が〝クライエントとして〟、精神療法家である先生に対する信頼を培うことができた。その信頼をもって第三期とも言える現在のような心理臨床家同士としての関係が確かなものになっていると私は考えている。

（1）バリ島にて

増井先生はバリ島のNegaraという小さな村にヴィラをお持ちである。そこに私は、ある年の一月（現地では夏であり雨季）と七月（同、冬）の二度、滞在した。先生流のエンカウンターグループとしてそれぞれ三名の方と一緒に過ごした。そこで先生は一日の三分の二ほどを寝て過ごされ、グループの参加者は村を散策したり海辺のパーゴラで過ごしたりバリ式のマッサージを受けたりと思い思いに過ごし、メイドさんの作るおいしい夕飯をいただく時だけは皆が揃った。

その二回の滞在の記録を、先生と奥様の直子さんに宛てた帰国直後の手紙の形で記す。

■一度目の、バリ島エンカウンターグループ　一月

帰国して数日、晴れるとずいぶんよいのですが、この冬の空の重さはバリを余計に懐かしく感じさせます。

バリではすばらしい数日間を過ごすことができました。その場所に行けたこと自体が私にとっては大きなことであり、先生がゆっくりと待ってくださっていたこと、また、ヴィラを出る時、ひとりひとりお別れをした後に直子さんに「ありがとう」とHugした場面は、その時の気持ちを思い出して今も胸がいっぱいになります。先生、直子さん、どうもありがとうございました。

日本に帰ってからは恐ろしいほどの睡魔で、昼間からとろとろと赤ん坊のように眠り、夜も熟睡です。もしかしたら私は、バリに着いてすぐから心も体も〝解毒〟とでもいう状態で居たのではないかしら。どんどんと内を洗い流すように、感情が決壊するというか、涙がぼろぼろ出たり、体調が悪くなったりして心も体もしんどくて堪らなくなっていました。頭は弛緩して〝思考〟という能力は溶けて欠落したよう。背中から首は強張り、どこか緊張状態もあって十分には眠れない、常に体のどこかしらに痛みがあるといった具合で本当に「もう限界…」と思いました。ヴィラに着いて三日目の朝、いよいよ直子さんに「しんどい…」と言った時は涙が出るばかりで、まるで幼い子どものようでしたよね。でも私はあの場所（ヴィラ全体！）がとても居心地のよい保健室のように感じていて、直子さんにもそのまま、甘えさせていただいていました。

不思議ですよね、その午前中にメイドのアユさんのボディマッサージを受けて、しばらくは動けずにそのまま自分でも体をさすり、その後、東屋で丁寧にヨーガをして過ごしたら、体が本当に楽になって、肌はつやや、足の裏は丸くふわふわとしてきました。それは、「すっきり」でもないなぁ、何だろう、心も体も、こんなにも楽になるのだと驚きました。実際、アユさんのマッサージは丁寧だったのではありますが、それだけではないような気もします。私はマッサージの間中ずっと、自分がアユさんから大切にされているように感じて、アユさんに対して「ありがとう」と思い続けていました。アユさんとはそれまでも親しく過ごしていたので安心感があったということもあるとは思いますが、アユさんにすっかりと委ねられ、ふたりの間になにか通うものがあったからのようにも思えます。〝癒し〟という言葉を用いると安易に感じますが、私にとってアユさんのマッサージは、〝手当て〟であり、もっと広くは先生のヴィラで過ごしたことの全体が特別なtreatだったのだと思います。まさに〝保健室で過ごした数日間〟だったのでしょう。

そのように私にとって先生のヴィラでの滞在は様々な意味で解毒の効果を持ち、仮にもう一、二日でもそこにいられたら、ある意味では排出作業さえも楽しみをもって味わえたのではないかと思います。この、心や体への現れ具合を含めて、大切な経験となりました。まだ頭はぼんやりとしていますが、バリで過ごしたことが長い目でみて自分にとってどのような経験であったと言えるようになるのか、様子をみてみたいです。

■二度目の、バリ島エンカウンターグループ　七月

一月に続き二度目の参加、同じ場所であるにもかかわらず前回とはまた異なった滞在経験となりました。とくに日本の季節が冬と夏とであることの違いの大きさには驚いています。雪の降る時期に帰国した前回とは異なって、家じゅうの窓を開け放して海からの風を通り抜けさせています。夜にはベランダに椅子を出して月や星を眺め、空が、バリだけではなく私の好きなどんな場所ともつながっていることを感じ、大きな安心感と言いますか、「大丈夫」という気持ちに満たされています。季節が大きく異ならず続きで感じられるということは、バリにいた感じ方を〝体が〟思い出しやすいということでもあるでしょうか、しあわせ感の持続を容易にしていることに恵まれたのは大きな発見です。前回の滞在を〝毒素の排出〟と〝養生〟のイメージであるとすれば、今回は〝採り入れ〟と〝エネルギーの充実〟であるように感じています。

今回、バリに行くにあたって思い描いていたことのひとつは、現地の人たちの暮らしている姿に触れ、感じたいということでした。周りの自然や動物たちの様子を含め、どんなところで、どんなふうに時が流れ、人々はどのような表情で暮らしているのか、少しでも多く、そのままの姿を見てきたいと思いました。そしてその

とおりに、時間があれば海辺や周囲の道をうろうろと歩き、誰かに出会えばあいさつを交わし、木陰に腰を下ろして風に吹かれ、空気を感じて過ごしたような気がします。先生のヴィラの時間的・空間的に十分な余白のある中、自分の内側をみつめるだけではなく意識を外に向けることで見えてくるものをみたかったのかもしれません。またそのように心がけることで〝行動〟として自分に動きをつけたかったのかも。体の感覚に従う。まずはシンプルに、ごちゃごちゃ考えずにその時に動きたいように動く。黙ってひとり、海の傍で佇んでいたのも、そんなことのひとつだろうと思います。空を見上げ海の音を聴きながら、ひとりだけど、何か大きなものにつながっている安心感がありました。またそうやって過ごしていると、だんだんと〝自分自身にかえっていく〟ような感じがして、心が落ち着いていきました。それは静かな力の感じられる、心地よい感覚でした。また先生がよくおっしゃる【歩きながら考える】という言葉を思い出しました。バリに行けたこと、そのこと自体も含めて、風が通るというのはこういうことなのかな、という気もしました。

バリで過ごしたことは、やはり「夢のようなこと」だったと思います。でも、一月の時のように〝夢の中のできごと〟ではなく、しっかりとした現実感の中で、「私は何をしたいのか?」ということを見ようとしている自分を感じます。帰国してから、あまり頭の深いところで考えずに気の向くに任せ、気持ちよく体を動かし整えることを生活の中心としています。自分の内に、流れ、巡りよく感じられて心地よいことが大切であり、静かでありながらもエネルギーを感じるこの頃です。もちろん、現実の生活の中に在る雑雑としたこと、重く感じることはバリに行く前と何一つ変わらずに同じ場所にあるままです。でもそれを抱える私自身は、「それはそれ」と思ってもいます。参加した二回のそれぞれに、時機があったことの自分にとっての意味を感じます。バリの不思議な魅力に、心の満たされる思いです。

（2）死と再生について

数年前の二年間ほどは、身近な者の死が続いた。また親しい人との別れもあった。喪失の時期。ところがその頃の私は、コトの大きさに比して悲しみの感情に鈍く、涙が出てこないことを苦しく感じていた。この時期に、先生とかつてやりとりしていた詩歌を送り合うことを再開した。短歌や和歌のようなきれいな型はなく、ただ短い言葉の中に表現をすること。そのやりとりを淡々とするのみ。しかししばらくの間は、私から先生にお願いをしておきながら言葉が出てこないことが続いた。こころが固まってしまったようであり、つらい時期であった。それでも私は、先生と詩歌を介してつながっていることで「私は、大丈夫」と思うことができ、自分の力を信じることができた。おもしろいことに、しんどさの度合いが高い時期の詩ほど、先生は【うまくなった】と言ってくださった。余分なものが削がれ、飾ることも誰に観てもらうことも意識しない、たましいに近いところの〝声〟が文字として現れていたのだろうか。その詩が、一般的にはどれほど拙いものであっても、先生の目には〝本物の言葉〟として映ったのかもしれない。

〈伯母の死に〉


先生、数日前に家に戻りました。

通夜の前の納棺の時から居ることができました。

肌のきれいな伯母で、ほんの少しの化粧をし、爪を切って、髪を整えて。

伯母にそうやって触れながら、だんだんとお別れをしていけたように思います。

納棺師の方もとても丁寧な方で、私がするのを傍について見守り、整えていってくださいました。

命がなくなったと言っても、人を大切に扱ってもらえるということは大事なことですね。

本人に対してはもちろんですが、私たち見送る者たちにとっても、その納棺師の方はお骨上げまでずっと穏やかな所作でいてくださって、気持ちが救われるようでした。

一月の父の死、五月の飼い猫の死、そして今回の伯母の死。

私にとってこれらの死は、悲しいばかりのものではなく豊かなものさえ与えられているように感じています。

ありがたいことだと思います。

薄紫の着物
とんぼの柄の帯をして
伯母の、秋の空に逝く

＊ このe-mailに、先生は【良かったですね】と返してくださった。

第三期：スーパーバイジーとして現実の中で生きること

公認心理師となって私は自分の臨床に学校現場を選び、スクールカウンセラーとなった。先生とは師・弟子の関係とは言え、同じ心理臨床家の仲間入りである。その立場で先生のSVを受けることになった。

先生のSVはその時の〝今〟、その場に立ちのぼってくるものを大切にする形で進められる。そのため特定のケースについてのレジュメを準備することはなく、先生の部屋の丸いテーブルに着いてから「さて、今日は何の話をしようか」といった感じで、その時に最も表に出てくるものを題材として扱うことになる。もちろん、その時々に話題にしたいことはあるのだが、実際にはその話はせずに終わることもある。そのうちに、多くのケースに共通するテーマ、つまり私の〝くせ〟のようなものが浮かび上がってくることがある。それはカウンセリングに活かしていくためにとどまらず、私自身の生き方・考え方をみつめる機会ともなり得るのだ。そのような意味も含めて先生のSVを振り返ると、学生として、またクライエントとしての私も知った上で心理師の私をみていただいていることになる。ありがたいご縁である。

以下にSVの中で先生がおっしゃった言葉を記す。

■【カウンセリングは必要なくなってなんぼのもん】

院生の頃、面接が継続することに重要な意味を感じられずにいた。それは一つには、私が医療従事者でもあり医学モデルと言われるところに親和性があることに関係しているかもしれない。大学院で臨床心理学を学ぶ以前は、心理面接は医療と同じく「治る・治す」ことを目的としているイメージがあり、医師から治療を受けるのと同じように、必要な時に最低限に通うところだと認識していた。もう一つには、先輩や教員のケースで明らかにクライエントを依存させているような事例をみてきて、「それはクライエントにとって良いことなのだろうか？」と疑問を持っていたということがある。実習で受け持つカウンセリングが「続く」「続かない」ということは〝良いカウンセラー〟の評価基準のようになっており、「続く面接は良い面接である」という暗黙の見方があった。しかし逆に一度か、せいぜい数回の面接で中断・終了したケースでも、後に何らかの形でクライエントのその後を追跡できたいくつかのケースで「なんとなく元気にやっている」とわかることもある。来談はしなくなったけれども、「あの人はあの時の面接で毒を吐ききったのかな」とか「ぱんぱんに腫れあがった気持ちが、少し空気が抜けて楽になったのかな」と解釈し得るならば、それはそれで良いことであり、「心理臨床家にとってお役御免は、めでたいことではないか」と思うのであった。そのことを増井先生に言うと同意され、【カウンセリングは、必要なくなってなんぼのもん】とおっしゃって、同じ感じを持っていたこと自体は間違いではなかったことがわかってほっとした。

■【面接は一度きり、この回でおしまい、という気持ちでやる】

ただそのことと、クライエントに見限られた可能性は別に考えなくてはならず、自分の未熟さを棚に上げることはできない。そのひとつの目安のようなものとして、増井先生は「面接が終わった時の感じ」について話された。【〝なんとなくいい感じ〟で終わっている時はそれでいい】ということ。また、そのために、【自分ができること・こうしたら少し楽になれるのではないかなということをきちんと伝えるということ】が重要であるとおっしゃった。そして【面接は一度きり、この回でおしまい、という気持ちでやる】ということ。その覚悟をもって、私は面接をしたことがあっただろうか。しかも「必要なくなってなんぼのもん」と思うならばなおのこと。先生の言葉に気持ちの引き締まる思いである。

このように考えると「面接が、続く・続かない」ということはそれほど重要なことでもないように思えてくる。一方で、面接が一度きりのものとして「私は何を伝えるのか」ということをもっと真剣に考えなくてはいけないと思う。面接が継続すること自体を目標に置くのではなく、「この一度」に真剣な意識を持たなくてはいけないし、クライエントが次に来談されるかどうかは、先生曰く【来るも来ないも患者が決める】、【その自由を認めなくてはいけない】ということだろう。「しなければいけないこと、やれることはやった」と言い切れるように成長しなければいけない。厳しいことである。

■【おかんキャラ、いいやん】

私は、自分の〝おかんっぽさ〟について考えることがある。ある「死にたい」という気持ちをもつ中学生と話をした日は金曜日であり、学校との連携や一通りの安全策はとったもののその週末は度々その生徒のことが気になった。身の安全はもちろんであるが、「ご飯は食べているだろうか」、「どんな気持ちで過ごしているだろうか」といったことまで。後日、そのことを同じスクールカウンセラーのメンターに話したら、私のカウンセラーとしての未熟さを理詰めで指摘された。そのことも含め増井先生とSVの折に話題にしたら、【わからん話は無視しましょうか？】と言われ、その子どものことを心配するのは当然だと言われた。そしてそういった私の〝おせっかい性〟について、【おかんキャラ、いいやん】と言ってくださった。このことに私はずいぶん救われた。私は自分の〝おせっかい性〟について、〝おかんみたいな〟自分のよさ・味でもあるかなと思うことにした。このケースに限らず、やはりいろいろな形で私の〝おかん性〟は出てくる。そのことを認識し、意識して私のよいところを活かすことができればと思う。

では私の〝おかん性〟は、臨床の場ではどのように働かせることがよいのだろう？　専門家として、ただの〝おかん〟ではあかんので、増井先生のおっしゃるような【おかんキャラ、いいやん】になるというのはどういうことだろうか。ふと、ウィニコットの「ほどよい母親」という言葉が思い浮かんだ。スクールカウンセリングをしていて思うのは、面接に至る子どもたちは親との関係に何らかの困難を抱えており、ことに母親との関係が重要であることを思う。「あぁそうだ、私の心理臨床家としての在り方も〝ほどよい母親〟という感覚を大切にすればいいのではないかな」と思った。母親性、というのか。

このようなことを考えていて、心理臨床における私にとって村山正治先生は父親のようであり、増井先生は母親のような存在だなぁと思った。村山先生が父親というのはわかりやすいが、「どうして増井先生は母親なのだろう？」と考えて、たまたま時を同じくして先生のご本を読んでそのことがわかった。つまり、先生の精神療法家としての原型というところにお母さまの存在があるということが書かれてあったのである。そのようにして思うと、確かに増井先生との間ではあたたかさがある。それは産まれた子どもが安全で安心な場を与えられ、おなかを満たし、眠る場所があり、寒くも暑くもない快適さを用意するような配慮…。母親が子どもに用意する基本的な事ごと、つまり〝生命〟であるとか、〝快適さ〟であるとか、〝温度〟などといった〝動物としての安心〟につながる肌や感覚を大切にしたものである。一方、村山先生の〝父親性〟とでもいうものには厳しさがある。私は村山先生のことを厳しい方だと思っていて、しかしそれは先生の人をご覧になる鋭さや、学生に自由を与えることのできる大きさや、楽しいことはみんなでいっしょにやろうというおおらかさに接してきた者としての信頼の上にある。

しかしそれにしても…。村山先生と増井先生を〝父〟と〝母〟に描くなど、なんと大それた！　お二人の先生が甘んじて許してくださることを願うものである。

おわりに

私が心理師としてSVを受けるようになった日、一通りの話を終えた時に先生は、【なんとなくやけれども、あなたは、以前よりも話しやすくなった気がする】と言ってくださった。この言葉には感慨深いものがある。思えば長いおつきあいである。その間に、学生として、クライエントとして、またスーパーバイジーとして、先生と同じ心理臨床家へと関係性は変化してきた。しかしそれは必ずしも明確な線引きがあるわけではなく、その時どきで境目を往ったり来たりしながら、先生が私の人生の歩みにともなってくださった過程でもある。初めの出会いはさほど華々しいものでもなかった。しかし今から思えば先生の集中講義のやり方は、教員としては逆に難しいやり方をされていて、その時どきの〝今〟を大切にされる先生らしいと思えるのである。この文章は私の感じてきたことをメモのように綴った拙いものであるが、先生が精神療法家としてだけではなく教育者として、後進を育てる使命とあたたかい目をもってご覧になっていることを表せる一つの例として伝わるものがあればと願う。

深いところでの繋がりと自由なフィールドの中で

東亜大学健康相談センター学生相談室カウンセラー／北九州市立大学ひびきのキャンパス学生相談室カウンセラー／電話相談相談員

浅野みどり

思い返してみると、私が増井先生のスーパービジョン（以下、ＳＶ）を受けるきっかけとなったのは、大学院の修士課程の集中講義での、ワークを中心とした増井先生による心理療法の講義ならぬ心理療法の〝体験〟を味わったような三日間が終わった時に、子どもの頃にプールで遊んで泳ぎ疲れた後の心地よい疲れのような状態になったことからでした。実践を積み重ねていくには同時に理論をしっかり学んでおかなければ、という私の思考は一旦どこかに飛んで、心の琴線に触れながら、心も身体も目一杯使って何かをやりとげたような感覚に、いったいこの感覚は何だろう？　と思ったことが今も記憶に残っています。

その後、臨床センターでお会いするクライエントさんの悩みや苦しみに、寄り添い支えていくために大切なことは何かを学びたい、という思いから、増井先生にＳＶのご依頼をしました。就職、結婚、出産、子育て、そして、学部に編入学するまで企業人として長く人生を歩んできた私にとって、臨床心理学の理論の大切さを学びながらも、〝人と人が出会う〟ということがまず基本にあるという感覚があって、それは、家族や友人といった身近なところから、職場の同僚や上司、お客様、子ども会やＰＴＡ、町内会などの地域社会に至るまで、楽しいこと、苦しいことの殆どが、常に人との出会いとその関係性の中で起きていることを多く経験してきたからです。

クライエントさんには、それぞれの人生の歴史があって今があるので、専門職としてだけではなく、同じ人間としていかにその方と出会い関係性を築いて理解していくのか、といったことは常に考えています。今思うと、増井先生の集中講義は、きっとそのような、〝人と人が出会う〟という私の感覚を確かなものに近づけながら、言葉にならないより深いところで繋がっていくような世界観を味わう体験だったのです。

増井先生のSVは月に一回（最近は二ヶ月に一回）で、かれこれ七年程になります。現在私は、大学の学生相談の他に電話相談やオンラインによるカウンセリングをしていて、病院勤務やLINE相談も経験してきました。多様な領域で支援をする中で、増井先生から沢山のことを学んできましたが、今回はその中からスーパーバイジー（以下、バイジー）として特に大事に感じてきたことを述べたいと思います。

まず、増井先生のSVは、最初からSVでありながら同時にカウンセリングを受けているような温かいまなざしを感じてきました。SVを受け始めて少し経った頃、「先生のお話は、まるでクライエントさんと一緒にここで聴いているような気がするんです」とお伝えしたことがあります。すると、増井先生は、「僕はね、いつもあなた（バイジー）を通してあなた（バイジー）の向こうにいる患者さん（クライエント）のことを思って話をしているからね」と言われて、ああ、それでどこか目の前にクライエントさんがいるような、そしてクライエントさんを大事にされる先生のまなざしが、バイジーとしての私も大事にされているようなオーラに包まれるのです。また、私（バイジー）への言葉がときに厳しいものであったとしても、増井先生の言葉は、苦しむクライエントさんへの慈悲のような思いとともに伝わってくるのです。

一つ例を挙げると、SVを始めて最初の頃の私は、自己開示についてかなり慎重になっていたのですが、ある時増井先生から、「自己開示しない人に自分のことを話したくなる？　…ならんよ」とはっきり言われたことがありました。その声（ボイス）はまるで多くのクライエントさんの気持ちを代表して言っているかのように聞こえました。そのためか、増井先生のSVによって私個人の心が傷ついたことはありません。いったいこのオーラは何だろう？　とまた疑問を持つことになりました。

SVを続けている中で、先生の著書、『来談者のための治療的面接とは――心理臨床の「質」と公認資格を考える』を読んで、それが次第にわかってきました。それは、第Ⅵ章の「私の治療的面接の原則論」の中に書かれてあります。増井先生の考える〝心〟には、さまざまな位置があると示されていて、まず、心の最底辺に身体があって、その身体と重複するように非言語的な身体感覚のようなものがカオスな状態で位置していて、その上に、歩き方、動作、顔色、話し方や雰囲気といった少し具体化されやすい非言語的レベルがあります。そして、もう少し上の意識化されやすいレベルに、音声（ボーカル）やテンポがあって、その上にイメージや直感という感じ方があり、さらに気持ちや気分、その上に言葉がきて、最も上には思想や論理や理念や考えがある、というのです。

そして、来談者が良くなっていく順は、おおむねこの低いレベルから変化していく原則めいたものがある、と書かれています。そのため増井先生は、心の比較的低い部分の話し方や雰囲気、来談者の浮かぶイメージや感じを極めて大切にされていて、それはお互いの心の「いのち」の部分に近づけるからであり、面接で大切なのは、「『言葉』でなくその言葉を支えている底辺の部分の様相を聴くことにあります。それは、単なる言葉ではなく、言葉に命を与える『何か』だからです」と結んでいます（ちなみに第Ⅵ章のこの部分については、村山正治先生が、『心理臨床学研究』（第四〇巻第六号、二〇二三年）の書評の中で、極意として紹介なさっています）。つまり、増井先生は、私（バイジー）の言葉からカウンセラーである私を支える底辺の様相を通して、クライエントさんの心の底辺に近いところの様相を感じとりながら、それを言葉にして示唆してくださっていたのです。時々、

ＳＶの途中で、言葉にならずに目頭が熱くなり、「ちょっと待ってください…」と小声で言って増井先生に待ってもらうことがあるのですが、そのような時、増井先生は、バイジーの私が気づかないところでクライエントさんの心の「いのち」の部分に近づいて、深いところの苦しみや奥底にある願いを汲みとられ、その深いところに私も同じように降りていき、その様相をともに体験し共有していたのです。その瞬間のイメージとしては、バイジー（私）のクライエントさんとその側にいる増井先生、そしてクライエントさんのカウンセラー（私）との間に、言葉にならない〝深い関係性〟のような繋がりが感じられ、バイジー（私）も「いのち」を与えてもらっていたのだな、と増井先生のオーラの意味を私なりに理解することができました。

このような現象はＳＶ関係とカウンセリング関係がパラレルなプロセスであることを意味しているようにも思います。現在、私は増井先生とは別にもう一人の先生（女性）からＳＶを受けているのですが、ＳＶの形は多少違えども、お二人ともカウンセリング関係とＳＶ関係は、どちらも似たようなパラレルな関係であることを教えてくださいました。

ＳＶのなかで抱えられる体験をしたバイジー（私）が、カウンセリングのなかでカウンセラーとしてクライエントさんを抱えられるようになる、というようなパラレルな関係です。

そして、前述したＳＶのなかでの言葉になりにくい〝深い関係性〟のようなものが起こるとき、バイザーとバイジーという関係だけでなく、互いのパーソナルな関係が深まっていくのが感じられます。たとえそれが短い時間であっても、深いところでクライエントさんの「いのち」に繋がり、そこに「何か」が与えられるとき、私（バイジー）は胸が切なくなったり、心の内側から温かくなってきたりするような情動が喚起されます。それが実際の面接場面で私（カウンセラー）とクライエントさんとの間に生じた時、クライエントさんの「いのち」と私の「いのち」が触れることで、そこに何かしらのエネルギーが与えられているような感じになります。

それがお互いの絆を深めているように感じることも少なくありません。

そのような体験について、京都大学学生総合支援機構の教授である杉原保史先生の「心理療法におけるセラピストのパーソナルな自己について――職業的―個人的な関係としての治療関係」という論文に、私にとって増井先生のSVとも関連していると思われるような内容が記載されていたのでご紹介します。

杉原先生は、セラピストとクライエントの関係を「職業的―個人的な関係」（professional-personal relationship）であると概念化したOrlinsky & Rønnestad（2005）の見方を紹介されていて、二人が心理療法家の「人」に注目した研究を推進している中で、「多くの科学的根拠が、個人としての患者とセラピストのパーソナルな関係の質が治療手続きの影響力を強める重要な要因であることを示していると指摘した上で、セラピストは、主に専門的な介入によってクライエントの苦悩を緩和するが、その介入の作業はセラピストがクライエントとの間に力強いパーソナルな結びつきを確立し維持することを通して行われる」という見方が提示されています。このような見方について杉原先生は、セラピストとクライエントの関係は、職業的な関係であると同時に個人的な関係でもあり、「セラピストは、関係におけるその二つの側面を両立、ないし相互に促進するようにする必要があるものと考えられる」と述べています。

本論文は、あくまでセラピストとクライエントの関係について述べられているものですが、いつの間にか私は自然と増井先生のSV体験とも重ね合わせながら読んでいて、増井先生との間のパーソナルな結びつきの中で、私（バイジー）の内省が深まり、苦悩が緩和され、エネルギーを与えられていることを感じました。カウンセリング関係とSV関係が、パラレルで連続性を持っていることを、肌で感じながら読み進めていたのかも知れません。

また、紹介されている海外のさまざまな臨床家の行動や見方と増井先生とが、重なる部分が多いことにも気づかされました。杉原先生の論文で紹介された、多くの治療効果を出されている海外の臨床家は、多重関係と呼ばれるものに対しても、例えば、「適切だと判断されれば、クライエントとテニスをする、散歩をする、一緒に朝食を食べる、ちょっとした贈り物をこころよく受け取る、贈り物（本など）をするなどの交流」をしたり（Lazarus, 2002）、性的マイノリティを対象に心理療法で役に立った要素を調査したJones et al.（2003）の研究では、「クライエントにとって特別な意味を持つイベントに出席する、クライエントの自宅に電話する、入院しているクライエントの病院に電話したりする」など、通常の職業的な境界を越えるセラピストの境界拡張（boundary extension）という行為が、心理療法で役に立った要素として含まれていることが報告されています。

さらに、Bedi et al.（2005）が、治療同盟を強める上での決定的な出来事についてクライエントに調査したところ、「四〇％のクライエントが、セラピストが想定を越えたサポートを与えてくれたことが治療同盟を強めた」という報告がされています。また、杉原先生は、「職業倫理における多重関係についても、実際には単純に禁止として片付けられるような事柄ではないことが認識されており、多くの議論がなされている。性的な関係については禁止されるべきものとして幅広い合意が得られているが、非性的多重関係については、実のところ一致した見解は得られていない」と述べていて、非性的多重関係については単純に禁止するのではなく、より柔軟な見方を求める主張があることを知りました。これらは、全て増井先生がなさっていそうな、あるいは実際にされてきたことと重なっているのです。

少し例を挙げると、あるクライエントさんと道で会った時に挨拶をして一緒にお茶を飲んだり、別のクライエントさんには、何かあったら連絡していいからと連絡先のアドレスを教えたりすることもあるようで…それを無理なく自然なこととしてされているのです。

増井先生は、長年の臨床現場でのご経験から、クライエントさんの苦悩の緩和や症状が軽くなるにはどうすればいいかを考えて、クライエントさん一人一人のニーズに合った方法で心理療法を行ってこられ、ときには境界を超えて、親切で、温かく、思いやりと慈しみを伴った関わりをされることで、治療効果に大きな影響を与えておられたことを改めて理解できました。増井先生の臨床家としてのあり方を私の内側からだけでなく、少し広い範囲（外側）から見ることで、増井先生の姿がより一層見えてきて、それは私の中でとても腑に落ちるものでした。

それでも、私は増井先生と全く同じような臨床家を目指しているわけではありません。というより増井先生のようにはなかなかできません。まず、前述のように増井先生はとてもダイナミックで、クライエントさんのことで必要を感じた際には、直感を働かせてすぐに行動に移されるのです。その速い行動や判断は、時折、私には枠や境界を思い切り超えているように見えることがあります。杉原先生の論文でも触れられているように、職業的な境界は、セラピストにとってもクライエントの安全にとっても必要不可欠なものでもあるという基本的な考えがまず私にはあって、必要に駆られた時には境界を多少超えたとしても、私なりの範囲でそれを抱えながらパーソナルな結びつきを大事にしていきたいと考えています。

しかし増井先生は、私にはダイナミックに感じられる境界を超えられた後でも、そこから先の境界をどんどん構えて平然と保っておられて、クライエントさんとの間で幅広く自由にそれを可能にするような何か不思議な力をお持ちのようで、〝センサーがある〟とか、〝患者さんが教えてくれる〟のだそうです。きっとそれは、臨床家としての長年の経験によって裏付けされた〝増井流〟の大きな一つの特徴なのだと思います。

そのことと繋がっているかはわかりませんが、増井先生は、ＳＶ以外の日常の場面でも、いつもありのままでマイペースな雰囲気がある方です。私から見ると、周りに縛られることなく自分の世界観を大事にしている自由人、というイメージです。そして、それを側で温かく支えておられるのが、奥さまの直子さんです。増井先生のSVについて語るには、実は直子さんのことを抜きに語れない気がしています。なぜなら、増井先生の家は海が近いところの自然の多い場所にあって、SVで伺う際には、電車を降りてバスに乗り換え最寄りのバス停まで行くのですが、そこから先生の家までは少し離れているため、いつも直子さんがバス停のところまで車で迎えに来て下さいます。家に着くまでの数分間、直子さんのバトミントンクラブでのお話やそれぞれの家族のことなど、たわいもないおしゃべりをするのですが、それがいつの間にか楽しみの一つになっています。あるとき話が盛り上がって、家の前の駐車場の所で一緒に話し込んでしまい、増井先生から窓越しに「いい加減にして家に入りなさい」と叱られたこともありました（笑）。直子さんは、SVが始まるとき、いつも飲み物とお菓子を出して下さるのですが、直子さんの手作りのクッキーやぜんざいなどをいただくこともあって、そんな直子さんのお心遣いにはいつも心がほっとするのです。SVが終わると増井先生は、決まって「直子～、直子～」と名前を呼んでSVが終わったことを直子さんに伝えるのですが、それが私にはいつもSV終了の恒例の儀式のように感じられます。帰る時はいつも最寄りのJRの駅まで直子さんが、ときには増井先生も一緒に車で送って下さいます。私にとって増井先生のSVの日は、直子さんのお陰もあって、エネルギーを貰いに行く日という感じで、明日からのモチベーションにもなっているので、お二人にはいつも感謝しています。

増井先生は、どんなときもゆっくりと落ち着いている感じですが、時折、直子さんと漫才みたいな会話をすることがあって、そんなとき私は増井先生のことが微笑ましく感じられて、直子さんと一緒に笑ったりしていますが、増井先生はまんざらでもないいたずらな少年のような顔を覗かせることがあります。

また、これまで幾度か大学院の頃からの同じ社会人の先輩や仲間と数名で増井先生のお宅にお邪魔したときに、直子さんと一緒にほぼ女子会と化して盛り上がってしまったのですが、増井先生から「あんた達はうるさいね…本当によくしゃべる」と言われ、その後増井先生は、少しほくそ笑む感じで、好きにしていいからという感じで途中から他の部屋に行かれて一人でゆっくり過ごされることがありました。

増井先生のバリの別荘に思い切って皆で一緒に出かけて過ごしたことも忘れられない思い出です。バリは流れる〝気〟が不思議と違っていて、自然に心が解放されて懐かしい素の自分が出てくるようなスピリチュアルな体験にもなりました（バリの話は、それだけで長くなるので、ここまでにします）。

また、ある日ＳＶのお部屋に入ると豆柴の子犬の哲（テツ）くんがいて、ペットショップで目が合ってしまって連れて帰られたのだそうですが、やんちゃな哲くんは会う度に成長して、最近はＳＶの時間になると空気を読んでか、大きな丸テーブルの椅子に座られる増井先生の足元で静かに横になって、まるで耳を澄まして聞いているかのようです。ＳＶが終わって直子さんが来られると、途端に元気にはしゃいだりするのを増井先生は嬉しそうに声をかけられ、とても可愛がっておられます。増井家に可愛い子ども？　孫？　がいて、賑やかなひとときになります。

そんなふうで、ＳＶでの臨床家としての増井先生と日常の増井先生との関わりは少し違いますが、誰の前でも無理することなく自然体でいる姿は、一見、どこにでもいそうな普通の人という感じがして、そこには増井先生の〝人間〟が現れています。

ただ、増井先生の個性や存在感はやはり私にはないものが多くて、つい先日のことですが、「もし、臨床以外の世界で先生と出会ったとしたら、性格も全然違っていますから、個人的なお付き合いはしていなかったかもですね」とお伝えしたら、「うん、そうやね」と増井先生らしくあっさりと普通に答えられ、一緒に笑う、ということがありました。私は、大企業の組織の中に身を置いていた期間が長かった影響もあって、与えられたタスクの中で、組織の歯車の一部として機能することや、職場が変わるたびに仕事も一からになることも多く、社会のニーズや変化に合わせ、会社の方針に従いながらその時々の役割や責任を果たすべく努力を必要としてきました。夫が長く労働組合の役員をしてきたこともあって、雇用の安定や生活の向上、平和や政治活動の取り組みなども意識してきたわけですが、自分の仕事に誇りを持ちつつ、周り（外）に合わせながら当時の自分の職業的アイデンティティを作ってきたところがあります。

増井先生は、ある時、そのような背景のある私だからか、「自分の内側をこれからは大事にしていくといいと思うよ」と優しくおっしゃって下さいました。自分の内側の感じ、つまりフォーカシング的な体験の大切さや必要性を教えて下さったのです。内側にある素直な気持ちを大事にありのままの生き方をされる増井先生からの言葉は、私の心にとても響いてきました。また、私が関心を持った心理療法や技法、臨床家の先生方について話したり、他の先生からSVを受けたりすることも「僕はね、神田橋先生、河合隼雄先生の二人からSVを受けていたし、中井久夫先生から呼ばれて、よく話をしていたよ」、「あなたがいいと思うことならやった方がいい」といつも背中を押してくださいます。お陰で、私は力動的なものからPCA、CBT、最近はEFTやAEDPなど、自分の臨床の方向性や軸となるものを希求する内側の感覚を大事にすることができています。

一見すると、少し怖そうにも見える増井先生ですが（笑）、実は柔軟で寛大なまなざしで、私の成長をいつも見守って下さっています。このことは、臨床をするものとして私の心が希求するもの（願い）を増井先生が聴いて下さり、私のそれがSVを通じて次第に明確化される中で、主体感覚が少しずつ芽生え、増井先生が度々言われる「自己自体感」の確立に少しでも近づこうとするワークではないかと思えるのです。〝増井流〟の幅広いフィールドの安全基地の中で、勇気や希望を持って自由に泳がせてもらっているような、そんな有り難みを感じています。増井先生と関わってこられた多くのクライエントさんの中にも、きっと同じような感覚を持っておられる方がいらっしゃるのではないでしょうか。

最初のところで、増井先生とは大学院の修士課程の時に出会ったことを書きましたが、実は二〇年程前、あることがきっかけで『不登校児からみた世界――共に歩む人々のために』の初版を読了して、こんなに子どもの心がわかる方が世の中にはいらっしゃるのだ、と衝撃を受けたのを覚えています。その頃は定年まで企業で働くつもりで、まさか今のように同じ世界でお世話になるとは微塵も思っていなかったので、増井先生の集中講義があるとわかった時に、あの時の方だったのだ、と気づきました。もしかすると、先生の著書を拝読したあの時から、実はご縁があったのかも知れません。

最後に、〝面接は来談者のためにある〟という基本を忘れずに日々を過ごしてまいりたいと思います。このような機会をいただいたことに大変感謝しております。ありがとうございました。

文献

Bedi, R. P., Davis, M. D., & Williams, M. (2005). Critical incidents in the formation of the therapeutic alliance from the client's perspective. *Psychotherapy: Theory, Research, Practice, Training,* 42 (3), 311-323. https://doi.org/10.1037/0033-3204.42.3.311.

Jones, M., & Botsko, M., & Gorman, B. (2003). Predictors of psychotherapeutic benefit of lesbian, gay, and bisexual clients: The effects of sexual orientation matching and other factors. *Psychotherapy: Theory, Research, Practice, Training,* 40, 289-301. 10.1037/0033-3204.40.4.289.

Lazarus, A. A. (2002). How certain boundaries and ethics diminish therapeutic effectiveness. In A. A. Lazarus & O. Zur (Eds.), *Dual relationships and psychotherapy.* Springer Publishing Company. pp. 25-31.

増井武士（二〇〇二）『不登校児からみた世界――共に歩む人々のために』有斐閣

増井武士（二〇一九）『来談者のための治療的面接とは――心理臨床の「質」と公認資格を考える』遠見書房

村山正治（二〇二三）書評1『心理臨床学研究40巻6号』五四〇～五四一頁

Orlinsky, D. E., & Rønnestad, M. H. (2005). *How psychotherapists develop: A study of therapeutic work and professional growth.* APA.

杉原保史（二〇二一）「心理療法におけるセラピストのパーソナルな自己について――職業的-個人的な関係としての治療関係」『京都大学学生総合支援センター紀要50輯』一～一四頁

スーパーバイズで身につけた私の面接のユニークさ

かねはら小児科／藤井メンタルクリニック 臨床心理士
中村紘子

その場その時全力投球

初心者には初心者のよさ、ベテランにはベテランのよさ、今の私には今のよさがあると思う。今の自分ができることを一生懸命にやっている。そして、向上したい気持ちも強い。日頃からスキルアップのために何ができるかを考えている。大前提として、私は情熱を注げるほど、この仕事が好きなのだ。

声のトーン

人が風邪を引く二、三日前の声を聞き分けることができる。前職（幼稚園教諭）で、「○○ちゃん風邪気味ですね。」とお迎えに来られた保護者に伝えると「いいえ。」と言われることがよくあった。しかし、その二、三日後に欠席することが多く、最初は保護者の方がお子さんの様子に気づいていないのかと驚いていた。明らかに風邪の時の声だと私には聞こえていた。しかし、その経験が多すぎたため、そのうち自分の耳の聞き分ける力が高いのだと思い始めた。

カウンセリング中は、クライアント（以下Cl）の疲れや気持ちの変化などを表情よりも先に声のトーンで聞き分けている気がする。

そして例外はあるものの基本的にはその面接内でそのことをClに伝えるようにしている。〈今日普段よりも声が低い感じがしますが、お疲れではありませんか。〉など。タイミングも測っているが、大抵はそこからまた話が深まる。

声のトーン　ｐａｒｔ２

自分の声のトーンにもとても気を付けている。

気を抜いたら低い声になるような気がしているからだ。

一番気を付けている瞬間は、ラポール形成をした後にやや踏み込む時。

どのトーンで伝えるのがベストなのかを考えて声を出している。

何人でもあり

大学院で習ったことは、親担当と子ども担当を分ける面接方法である。

私の面接は何人でも同席有り。誰が来てもＯＫ。事前の連絡もいらない。

お子さん、保護者、学校の先生、関係機関の方。もちろんClが望んでいない時は一緒に来られていても待っていていただく。

Clの表情の変化を見逃さないようにしている。そのような構造の中、面接中にClが拒否を伝えることは少ないので、私発信になることが多いが、同席の方に途中で退出していただくこともある。

また、ご本人が不在のこともあるし、それもＯＫ。その際は、今日集まることをご本人が知っているかどうかを確認している。

また次回について

次回の面接はあるようでない。ないようである。

増井先生から教えていただいたことだが、いつ終わってもよい面接を毎回心掛けている。

私でなくてもよい

Clには〝誰かに相談する〟ということに意義があると心に留めておいてほしいと思う。

意識して留めるのではなく、面接を通して、そう留まる体験となることを心掛けている。

次回繋がる時は私でもよいし、他の誰かでもよいし、〝繋がることで楽になる〟という経験が残るとよいなと思いながら面接をしている。

許可を取る

四五分の面接の中で、「親→子」「子→親」という構造の時がある。

順番も毎回同じでなくてＯＫ。〈今日はどうしましょうか？〉と入室前に確認している。

先に入室した方から聞いたことを次に入室した方に情報として使ってもよいのかどうか、その方に許可を取っている。

許可を取る part2

今日聞いたことを医師に（時に関係機関の方にも）伝えた方がよいと感じた場合に、理由も添えてClに許可を取るようにしている。

話の内容ではなく、心の声を聴くように心掛けている

話の内容にももちろん注意を払っている。

同時に、何を感じ、今語られなかったが、どのような気持ちなのかを考えながら聞くようにしている。

その時に受け取ったメッセージを言葉にして伝えることもあるし、私自身の心に映像として浮かんできたことを伝えることもあるし、頷きとして伝える時もある。主に三つの方法の何れかでClに伝えている。

肩の力が入っていることや、緊張感、違和感を扱う

Clが初回の面接で緊張していたり、何回目かの面接時に今までと違う感じがあったら、それを必ず扱うようにしている。

〈私の気のせいか考えすぎかもしれませんが。〉という言葉を添えて伝えることが多いが、自身が妊娠時に特に多かった。〈今日はいつもよりも何か違う感じがします。遠慮というかそういう感じを私は受けるような気がするのですが。〉と伝えると少し間があった後、涙をこらえながら「先生が妊娠中なので胎教に悪いと思って話せませんでした。」とお話しされる方もいらした。自分が一定でいることの大切さも感じ、一定でない時はやはり扱った方がよいのだと感じることが多い数か月だった。

Clが緊張している時は、私の感覚によると、面接や私自身に対しての警戒や緊張のことが多いので、相手が

言葉にしづらい時は〈今日ここに来られるのに緊張したり、来ることで嫌なことを思い出したりして辛かったりすることがありましたか？〉などとこちらから言葉にするようにもしている。

私に対してや面接に対してのマイナス感情ももちろんあり、何でもありという雰囲気を大切にしたいと思っている。

クライアントの言葉を信じる

面接中に言葉にしたことは信じるようにしている。

大人からもお子さんからも「冗談ですよ。」「また騙されましたね。」と言われる。そのくらい全部を信じているが、日常生活の中で、信じてもらえない経験をしている人も多いのではないかと感じている。

ここで相手を信じることでまた何か生まれるのではないかと思いながら面接をしている。

その人らしさとは何か

主訴はそれぞれあれど、私の面接は〝自分らしく生きる〟をモットーにしている。

そして、最終目標は〝ここに来なくても生き生き生きる〟ことである。

この方らしさって何だろう、どうしたら生き生きするのかということを考えながら面接をしている。

何か無理をされている感じがあったり、話の繋がりが不自然だったりした時は、今扱った方がよいか、今ではないならいつがよいのか、何と言葉を発して扱うかを即座に慎重に考えながら、面接している。

言葉選び

その方に伝わりやすい言葉をできる限り全力で選ぶ。その方にフィットする言葉を探しながら面接している。

学生時代、クラスメイトから「意外と毒舌。」と言われたことがある。確かにその通りであり、私らしさの中に毒舌が含まれる。

Clにも毒舌で伝える時がある。関係が崩れないように、むしろ関係が深まるように心掛けて伝えている。立入った話をする時に結構使えると感じている。

笑うこと

初心者の頃から面接をしているお子さんから数年前に「僕も先生みたいな仕事をしたい。」と話があった。同室していた母親が「先生の仕事は子どもの大変な話を笑って聞く大変な仕事なんよ。」と話した。その時私は、反省し申し訳ない気持ちになった。今でもそう感じているので心に残っている。そういう側面も含んでいるのだが、実際にその方の面接は継続し、その方は最近人に興味を持ちはじめ、同級生からよく相談を受けるようにもなった。

私らしい面接とは苦しい辛い時にも笑うということなのかもしれないとも思う。

実際に、別のClとの面接中にも死にたいくらいとてつもなく辛い話の時、その気持ちを一緒に味わった後に、ご本人と一緒に笑うことが多いように思う。これは万人のやり方ではない、私のユニークなものと感じるが、今のところ面接は継続し、予後も良い。

来た時よりも元気

私の面接の間隔は一番短い方で月に一回。間隔が開く方は何か月も先なので、〝来た時よりも元気〟ということを心掛けている。〝今日は来るのも大変だったけど、ここに来てよかった。〟と思えるような面接を心掛けている。

待合室でお見かけした時に〝今日は元気がないな〟と思ったり、話している途中で大きな問題が出てきたらできるだけ折り合いの付くところを、ご本人が望まれるなら（大抵の場合望まれることが多い）一緒に探す。そして帰る時のドアの開け方や靴の履き方、歩く音などを聞いて、自分の中の手ごたえを確認している。こういう時は表情や言葉よりもそれ以外の情報の方が当てになるような気が私はしている。

面接室に入るまでの歩き方、歩く時の音にも注意を払っている。音は、元気かどうかわかりやすいと感じている。

蓋をする

面接中、紙に記録を取ったり、コラージュを作ったりするが、それを面接終了時Clの目の前でクリアファイルの中にしまったり、ファイルを閉じたりしている。あまり目立つ動作ではなく、どこまでClに伝わっているかは分からないのだが、蓋をする意味合いを私なりに込めている。これも増井先生から教えていただいた方法である。

外でお会いした時

面接を受ける時に基本的に私と同じ居住区の方は避けるように職場にお伝えしている。

近年、街中でClと会うことが増えてきた。

大学院で「面接は非日常」と習い、それを私は、外で会った時には避けなければならないと受け取っていた。

増井先生ともお話しさせていただき、今は日常の続きのような感じで面接を行っている。

先生は街中で会ってお話をすることもあるとお話しされていた。私はまだそこまでの経験はないが、会釈や挨拶をするようにしている。

物の受け取り

大学院で、物は基本的にお返しすると習った。

初めの頃は、お歳暮やお土産をいただいてもどう扱ってよいのか自分自身が定まっておらず、せっかく今までの面接で築き上げたものをそこでマイナスにしてしまうような対応を取っていたように感じている。

ある時〈変な感じになってしまって、すみません。学校で勉強をした時に受け取ったらいけないと習ったので。〉と伝えると「そんなんいいんよ。気持ちなんやけ。」と言われたことがあった。

今は〈ありがとうございます。〉と物を受け取りながら心の方を大きく受け取るような気持ちでいただいている。

中でも修学旅行のお小遣いの中から私を想って選んでくれたシャープペンシルはうれしかった。私の好きなキャラクターは知らないはずだが「先生が好きそうと思って。」と選んでくれた気持ちが何よりもうれしかった。

また、その時に渡せず、何回か越しにいただいたこともあった。それは今よりもまだ経験が浅い時であったが、そこからもまたいろいろと考えさせられることがあった。

検査もまた面接である

知能検査を毎週幾度か実施する機会がある。回数が多すぎて、大変申し訳ないのだが正直飽きる気持ちもある。

自分のその気持ちも大事にした上で、〝この方にとっては今日とても大切な検査〟ということを心の中で自分に言って、絶対に自分のその気持ちをClに悟られぬよう整理してから臨んでいる。

また、検査は検査ではなく、面接であることも意識している。

検査を遂行することも重要なことだが、それよりもClの〝今〟と〝未来〟を優先している。場合によっては、検査を中断したり、分けて実施することもあるし、本来はダメであると心得てはいるが実施順序を変えたり、筆談（スマホ入力も有り）、休憩をはさんで実施したりしている。本来の検査手続きから外れた場合には、所見に書き残すよう努め、ご本人やご家族にも〈今回は〇〇を優先しました。〉とお伝えするようにしている。

有難いことに、その事情を検査オーダーの医師に伝えても理解してもらえる職場である。

誰に検査結果を伝えるか

検査後に所見をどなたにお渡ししたいかご本人にお尋ねしている。

検査前に尋ねると結果を意識してClが検査を受けそうで、検査後にお尋ねするように気を付けている。

お子さんの場合、主に学校用と言われることが多い。その際、私は所見を書く時にご本人用、学校用と分けないようにしている。

私自身の負担を減らすためでもあるが、Clのためでもある。

自分のことをどのように学校に伝えるのかが気になるのではないかと思うからである。

職場の連絡先も載せてあるため、必要があれば学校からご連絡をいただくようにしている。

所見は名刺

所見はもちろんClのためでもあるが、自分の名刺とも思いながら作成している。

とにかくその時にできる精いっぱいを出して書いている。

ご本人に伝えたいことは何か、ご家族に伝えたいことは何か、学校に伝えたいことは何かをその時の私なりに一生懸命考えている。

Clにとって負担のかかる検査を〝受けてよかった〟と思える所見は、どのように書けば出来上がるかに熱を注いでいる。

過去の自分の所見を読むと未熟で恥ずかしい気持ちになることもある。だが、それだけ成長した証でもあると考えるようにして受け止めている。今書いている所見も五年後の自分が読んだ時にはまた更に成長していると思えるよう励んでいる。

紹介状

増井先生から教えていただいたことだが、紹介状はご本人と一緒に作成するようにしている。

転居や年齢に伴う転院の場合が多いが、三回の面接を想定している。

終結の三回前に紹介状作成の提案をする。今まで「不要です。」と言われたことはなかったように思う。終結二回前の面接で紹介状に書く文章を一緒に作成する。終結時印刷したものを一緒に確認。多少訂正希望の部分があれば、その場で訂正し、印刷してお渡しする。その際〈これは転院先にお渡ししていただくように作成していますが、例えば転校先の学校などご自身がお渡ししたいと思われる方にはコピーをしてお渡しして構いませんので、お持ちください。もしもなくしてしまった場合は、ご遠慮なくご連絡ください。〉とお伝えして、ご本人用にもコピーをしてお渡ししている。時間の都合上一回の面接で全ての工程を行う時もあるし、二回目の面接の前までに大まかに私が作成し、必要な部分、不必要な部分をCl主体で精査し、その時間内にコピーをしてお渡しすることもある。紹介状ではあるが、今までの面接や生きてきた道を振り返る場としても機能していると感じている。

増井先生のスーパービジョンでの体験

匿名希望

私は、家族など心理職以外の人にスーパービジョンを受けに行くことを説明するときに「難しいことをやさしく教えてくれる先生のところに行くよ。」「難しいことを副作用なく解決する方法を探すために勉強しに行くよ。」と伝えています。

増井先生のスーパービジョンは私にとってとても貴重な時間です。

私は時々自分の仕事について自分の在り方を見失ってしまうことがあります。

有難いことに自分の働く職場は尊敬できる医師、心理士に恵まれており、大変勉強になります。ですが、同時に自信をなくしてしまうこともあります。

精神分析を勉強されている方、ＰＣＡを勉強されている方、その中で私は何派だろう、と思うのです。

自分が経験を重ねる度、年々患者さんの満足度は高まってきているように肌で感じています。ですが、専門家の集まりで自己紹介をする際に自分の専門を一言で伝えることを避けているのです。

心の中では「増井先生派」です。「増井先生にスーパービジョンを受けています。」と伝えることはできますが、それ以上何と説明してよいかとまどってしまうのです。

私が努めていることは先生から教えていただいた〝どうしたらこの方はよくなるか〟ということを常に常に考えながら面接を行うことです。

増井先生のスーパービジョンは「お互いにキャンセルあり。」ということを初期の頃に教えていただきました。とてもほっとしたのを覚えていますし、今でも心の中にその言葉が毎回浮かびます。私はこのことを〝あなた自身の気持ちを大切にしてよいですよ。〟〝私も私自身の気持ちを大切にします。〟という風に受け取っています。

また先生は「お互いのために、一週間前と前日にメールをください。」ともお話しされました。私はその時に自分に心の中で問い掛けてからご連絡をしています。それ自体が自分の気持ちを受け取る訓練の一つとなっています。約束はするけれども、前日や当日の自分の気持ちを大切にするということでとてもほっとするのです。

話は変わりますが、私は人からの指摘に過剰な程、敏感です。

人から指摘をされると気持ちとしては寝込みたくなる程に落ち込みます。

増井先生とお話していると、時々「それは違いますよ。」というメッセージをいただきます。

増井先生からのご指摘はなぜか傷つきなく、驚くほどスムーズに受け取ることができるのです。

その理由を考えてはいますが、まだ腑に落ちる理由は見つかっておりません。

理由の一つは〝当たり前を思い出させてくださる〟からではないかと感じてはいます。

文章にして伝えるのが難しいのですが〝当たり前〟はとても難しいことだと感じています。

私自身とても頻繁に〝当たり前〟を見失い、自分の価値観や考え方の癖の渦に飲み込まれてしまうのです。

そして、おそらく患者さんも同様だと考えています。

正しいことを言う人はいます。ですが、その方の言葉は素直に受け取り難いのです。

〝当たり前〟と〝正しい〟の違いをまだ言葉で説明できませんが、私も先生のように〝当たり前〟を忘れず、臨床に携わっていきたいと思っています。


次に、スーパービジョンの直後に感じる自分の中の感覚のお話です。

先生とのスーパービジョンの時間は、私にとってスポイトで数滴ポトッ、ポトッと心の中に水が落ちる感覚です。その水が心の中に染み渡る感覚を毎回帰りながらじっくりと味わっています。

これはおせんべいと感じる時もあります。噛めば噛むほどに味のするおせんべいをいただいて、それをゆっくり一口ずつ噛みしめながら帰ることもあります。

改めて文章にしてみて気が付きましたが、この二つの違いについてはまだ自分の中で問い掛けたことがなく、どんな違いがあるのか今後自分に問いかけてみようと思いました。


ここからはスーパービジョンを受けて思い出した私自身の話になります。

私は幼少期、偽りの自己を演じながら育ってきました。

よく観察し、よく考える子どもでした。

両親が何を思い、何を望んでいるのかに注意を払い、両親に迷惑を掛けないようにと思いながら生きてきました。

父親の仕事柄、知り合いが多く、家族で外出をすると、出先で必ずと言ってよいほど「〇〇さんのお嬢さんですか。ご立派ですね。」と声を掛けられました。全くの初対面で示し合わせたわけではないのに、どの方もそうお話しされるのです。私は父親の働く姿をみてはいませんでしたが〝きっと外でも立派なのだ。父親に恥をかかせてはならない。私も立派でなければならない。〟と思いながら育ちました。

自分の好きなことや好きな物は心の中の空想だけで許され、動作や言葉、絵など表現するものは全て偽りでした。

とても苦しい生き方でしたが、それ以外を選ぶことの方が怖かったのです。

その育ちの中で、ある程度のことは経験したように思います。ですができる限りそれも気づかれないように振る舞い続けました。病気である自分でさえも表現しないようにしながら生活をしました。

両親は私から見ると完璧で、仕事も家事も子どもの世話も手を抜かない、大人になるって大変だな、今私は苦しいけれど大人はもっと苦しいのだと思っていました。

両親を困らせることで、弱らせてしまうのではないかと感じていました。迷惑を掛けないよう私の存在は忘れてほしいと思い、なるべく存在を消しながら生活をしていました。

とても苦しくリストカットをしたい衝動にも何度もかられました。刃物でつけた傷は、もし見つかると騒がれてしまいます。そう考えるとそれも苦しくとても面倒でした。常に八方塞がりの生活です。折り合いがついた方法が、自分の視力を悪くすることでした。自分で自分を傷つけることに熱中することでいくらか心が安らぐ感覚がありました。視力を悪くすることで眼科に通うこともできました。眼科は母親と二人で過ごせる唯一の時間と感じていました。但し、そのあとに行く眼鏡屋さんでは、母親の思いを汲み取りながら自分にとって全く欲しくないデザインの眼鏡を「これがいいね。」と嘘をつくいつも通りの苦しい時間でした。

これは私の心の中にあるとても苦しい部分のエピソードです。

この仕事に就いたのは、自分の様な苦しい思いをしている人がいるなら、少しその助けができたら、と思ったことと、いつか子どもを育てたいけれど、自分のようになって欲しくないという思いからです。

本当は相談機関へ繋がらない方に寄り添いたいと思っています。ですが、現実的に難しいです。もしかしたら、もう少し経験を積めば、そのような方法も見つかるのかもしれませんし、書籍もその方法の一つなのかもしれません。

不登校のお子さんのケースを増井先生にご相談したことがあり、その時に先生から「尽くすことはなくすこと」と教えていただきました。人に尽くすことで自分の気持ちをなくし、それを受けた相手も与えられ続けることで自分の気持ちや考えをなくしてしまう、という内容でした。

私自身、親に悟られないように尽くした子どもであったと思います。

本当の自分をずっと見失い、今でも時々わからなくなってしまいます。


ここに生きられなかった子ども時代の私を記します。

まず、学校へ行くのに靴下は履きません。脱ぎ履きが面倒だからです。

ハンカチも持っていきません。服で拭けるからです。

授業中は別の学年の好きな教科の授業があったらそこに入ります。教科書は持たず、その日の気分でクラスを選びます。ノートは一冊。計算式を書き、メモ帳のように使います。鉛筆も一本。消しゴムや定規、重たいランドセルもいりません。

帽子は持っていきます。日よけにもなるし、時に拾った物やノートを入れる鞄にもなって便利です。

家に帰ってからはご飯を食べ、お風呂に入って寝るだけです。時計は見ず、体内時計で生活します。その時計はとても正確でおそらく毎晩八時半には寝て、翌朝すっきりと目覚め遅刻もせずに学校に行きます。勉強は好きなのです。

休みの日はどこか適当なところへ一人で行きます。靴はその辺りに置きっぱなしにして裸足で草の少し湿った感触を味わい寝ころびます。お腹が空いたらお昼ごろ帰ってご飯を食べてその後は適当に過ごします。きっとＡＤＨＤの診断がつくと思います。ですが、それを全て押し殺して生活をしていました。

私は自分の子どもにはその子らしく生きてほしいと思います。

また、それは患者さんも同じです。

「親の生きられなかった人生を生きることは不幸」という言葉を聞いたことがあります。

私は自分らしく生きられなかったので、子どもにそれを押し付けすぎないかが心配です。

そんなときは子どもから目をそらし、まだ不慣れですが自分の楽しいことをすることにしています。

この度、増井先生から「スーパーバイズを受けて感じたことを文章に書いてみてください。」とお話をいただきました。直接、先生にご相談したわけではありませんが、ケースをご相談させていただくうちに思い浮かんできたことを文章にさせていただきました。

当初はスーパービジョンの一環かと思い、先生に見ていただく文章として書いておりました。本音を申しますと、書き出すことに意味があり、先生も読まれないかもと思いながら書いておりました。

なので「書籍」と聞いた時には拒否反応が起き、特に後半部分の私自身の話は掲載させていただくか否か最後まで迷いました。

掲載させていただくことを決めたのは、増井先生からの勧めと今この本を読まれている方の為になれば、という思いからです。相談したくても相談先のないどなたかへ。

等身大の自分でいられるスーパーバイズ

東亜大学大学院総合学術研究科臨床心理学専攻研究生／スクールカウンセラー／高齢者福祉領域心理職
古谷　浩

今日は七月の雨がよく降っている日です。増井先生からスーパーバイズ（以下、ＳＶ）体験について執筆の話を伺ったのは五月です。しかし今日までなかなか書くことができませんでした。理由は今までのＳＶの体験が頭や身体に残っていますが、この感覚をまとめることが難しく、またそれを言葉で表すことの難しさから書くことに距離を置いていました。

話をいただいてから約二ヶ月間、いまだに体験を十分に味わっているままですが、書いていくうちに少しはまとまれば良いなと思いながら少しずつ文字にしていこうと思います。執筆にあたりＳＶの体験をただ伝えるよりは、ＳＶを受けるまでのことを踏まえてからの方が伝わりやすいと思い、増井先生との出会いからナラティブ的に書いてみようと思います。私が増井先生を知ったのは学部時代です。

私は二〇年ほど社会人を経験してから心理臨床の道に進みました。心理臨床の道に進んだきっかけはライフワークとしていた活動で、人の心の動きに興味をもったことが始まりです。そこで、まずは心理学を基礎から学ぼうと考え、仕事をしていたため通信制の心理学部を選びました。入学当初は心理臨床の道に進むことは考えておらず、心理学が学べて活動の理解になればと思っていました。

講義を履修していくなかで出会った講師のお一人が現在でも尊敬するM先生です。出会ったと言っても通信制の大学のため最初はe-Learningで画面越しです。ただ、画面から伝わってくる印象や話し方が私に取って心地よいと言うか、フィットすると言うか、増井先生の言葉だと何か納まるという感じがあり、何度も視聴を繰り返していました。実際に対面で出会ったのは学部の履修授業とは別の機会でした。M先生が大学で年に数回行うエンカウンター方式のセミナーを開いており、そこに参加したのが対面での出会いです。画面越し以上に声のトーンや態度などノンバーバルな部分がとても心地よく毎回参加していました。そこでは人が人を援助するとはどういうことかということを教えていただきました。そのセミナーではM先生が増井先生の言葉を引用しながらお話しくださることが多々あり、そこで増井先生のことを初めて知ることができました。後にM先生が増井先生のスーパーバイジーだったことを知りました。

九州地方であれば、後の私の指導教官である村山正治先生や増井先生の名を聞く機会があるかもしれません。しかし、私の大学は近畿地方であったため、M先生がいなければ増井先生どころかM先生の言葉で言うと「九州プラグマティズム」には触れることは無く学部卒で終わっていたでしょう。そこで増井先生に興味が出て『迷う心の「整理学」』を読んだことが始まりです。

最初に出てくる「ありのままの理解。理解に始まり理解に終わる」という増井先生の詩でハマってしまい、すぐに増井先生の著書すべてに目を通しました。現在の私の心理臨床での態度や考え方はM先生と増井先生がモデルとなっております。ただ、普段の臨床で心掛けているのは、増井先生の本や論文を読んだからといって、クライエントや面談の相手を増井先生の本の事例のように仕立てあげることなく、その事例は一旦棚に上げておいてまっさらの状態で出会うようにはしています。これはM先生から学んだ大切な態度です。

前記の通り学部で心理学を学ぶだけと思っておりましたが、M先生の影響もあり心理臨床の道に進もうと決心し大学院に進学することを決めました。大学院は増井先生が教員として集中講義をしている大学院を選びました。生まれ育った地元を離れなければなりませんでしたが、増井先生の講義を受けることができるのであればと決心し入学しました。いま思えば、増井先生とは一度もお会いしていない状況で、著書とM先生の言葉だけでよく決心したなと思いますが、何か私を突き動かすものがあったのだと思います。

大学院でのゼミは村山正治先生のゼミで学ばせていただきました。指導教官である村山先生の生き方や態度などに身近で接すること、感じることができたことはとても幸運でした。村山先生から教わった生き方や態度からはとても刺激を受けており、現在でもM先生と増井先生の考え方に、村山先生の生き方やPCAを時にはうまく統合できたり、できなかったりの繰り返しの毎日です。

大学院に入学して二ヶ月ほどで増井先生の集中講義が始まりました。その時は院生とは別に増井先生の講義を聴講する方が全国から一五名ほど来られていました。増井先生とお会いする前の感覚は、大学院に入り、たった二ヶ月ほどのM1にとって増井先生についていけるのかという不安や、やっと増井先生にお会いできる楽しさで、よくわからない感覚のまま始まったことを覚えています。講義の内容は省きますが、一つだけ言うと「この大学院での集中講義もカウンセリングや普段の日常の態度とは変わらない」ということを何度も説明されており、そこが一番大切なのだと感じました。以前に増井先生がおこなっている病院での精神療法外来で陪席につかせていただいた経験があります。そこでのカウンセリングでの患者さんへの接し方と大学院での集中講義と確かに変わりはありません。もちろん今から話すSVでもそのスタイルは基本同じです。村山正治先生からも「あなたはどう生きていますか」という問いを言葉や態度で教えていただきました。日常での一人の人間としての生き方、増井先生の言葉だと等身大の自分が面接でも滲み出てくるものだと思いながら日々の生活を送っています。

ここまでの私の体験を踏まえて、増井先生のSV体験を増井先生の言葉や私が感じた体験を含めて語ろうと思います。今までは物語的に書けていましたが、SV体験ではあれもこれも浮かんでくるものがあり、書いているうちに整理できたり、書きながら出てくるものもあると思いますので、こんなんで読む方に伝わるのかなといった感じを持ちながら書いていきたいと思います。

増井先生とのSVは月に一回です。車で増井先生の自宅に行き必ず直子さんが出迎えてくださいます。最近では愛犬のテツも大歓迎をしてくれます。SVの場所はリビングで増井先生の好きなヨットの写真などが飾られその場は堅苦しい感じはありません。ここは増井先生が普段の生活をされている場であり、SVでも日常を意識させてもらえます。この体験記を書いているときに、「そうか、等身大の自分のままで接していただけるので、私も構えることなく素直に等身大の自分を出せているのだ」と気づけたのは良かったです。学部時代の恩師や村山先生も等身大の自分で接していただけていたので、こちらも等身大の自分になっていたのだ、だから心地よい感覚がでているのだと気づきました。今までなかなか言葉にできなかった部分が少しですが理解できたように感じます。

SVの話に戻ります。増井先生のSVはケースや論文など何でも話をしていい。お互いに五〇対五〇の関係でドタキャンもありとなっています。内容は録音をしてもOKで、一回では理解が進まなくても数回聞いて理解できることがありますので、録音ができるのはありがたいです。ただ、逐語記録は無しのため、ケースでの体験やどのように感じたかなどしっかりと把握しておかなければなりません。実際には、SVの時にその体験を再体験してお話ししています。ですので、面接時に感じなかった体験も出てくる場合も多く、そこで自分の中で腑に落ちたり、できないものは増井先生との言葉やノンバーバルなやり取りをしたりといった感じです。

そうしているとあっという間に時間が過ぎて終了する時間となっていることがほとんどです。

前記のように、ＳＶ中も等身大のまま接していただいていますが、これは私の直感ですが、精神療法外来やＳＶの時に増井先生が時おり自分の感じにより深く触れているように思える時があります。以前に増井先生が「カウンセリングはすごく疲れる」とおっしゃっていた時に理由を尋ねたところ、「相手の葛藤を自分で感じたらものすごく疲れる」と教えていただきました。ＳＶでも、私の体験を通して「自分が相手の立場だったらどう感じるか、どうしてほしいのか」と、クライエントの体験を理解しようとして葛藤をしているのではないかと思います。そこで長年の臨床知からの提案や「それを考えると、とてもつらいな」とか「相手もつらかろうね」と増井先生が感じたことを話してくださります。ＳＶでよく言っていただくのは「言葉にならない感覚を大事に。これが一番賢い。直感が一番賢い」ということです。そのため私も臨床で感じた違和感や、その時にふと出てきた感じをとても大切にしており、更にその感じたことを「こんな感じがしたんだけど…」とか「いまふと思いついたんだけど…」とかクライエントに伝えるようになりました。最近では特に「対等とはお互いの対話のやりとりがあって対等で、患者さんからの質問に答えないのは日常ではなく非日常」と教えていただきます。よく著書でも出てくるフレーズですので、増井先生の臨床でとても大切なものだと感じています。増井先生の以前の著書の中でも最初から、一人の専門家であると同時に一人の生きた人間 as a person としての聞き方や伝え方の重要性を言われており、昔からまったくブレはないのだなと感じますし、増井先生に言わせれば、「結局それしかない」と言われるのだろうなと思います。

ＳＶではケース以外のことも話します。増井先生がヨット好きなことは知られていると思いますが、実は野球と車もお好きです。増井先生の高校時代の話から、好きな車や車をいじることまで話されます。私も野球と車は大好きで、かなりマニアックな話までしており、まさに気取らず対等性というか日常の会話がＳＶ内で行われており、増井先生も笑顔ですし私もイキイキと話せる自分がいます。

ケースの話だけではなく、このような一見、雑談と思えるような話が自分にはエネルギーになっており、その感覚がSVが終わってもしばらくは残っていて、今でもその話を思い出せばにこやかになる自分がいて、とても意味あるものなんだと身体で感じます。街でマニアックな車を見ると、フッと増井先生が好きそうだな、次のSVで話してみようと思ったりして、それだけでエネルギーが出てきます。実際の臨床で出会う患者さんやクライエントも同じなのかなと感じられる体験です。

最後に、現在私は研究論文を作成中ですが、最初に書いた考察に比べると、増井先生のSVを受けてから、より一人の人間とか等身大の自分ということを強く意識している考察となっており、今までの考察ではなかなかフィットしない感覚だったものが、納まった感じがしています。増井先生の著書を読むだけでは感じられなかったことも、実際に生のやり取りだから感じられることがありSVを受けて良かったなと心から思えます。

それに加えて、私が一番良いと感じているのは増井先生の態度です。増井先生の精神療法を等身大の自分の態度で示してくださっていて、そこからも多くのことを学ぶことができます。相手の病態水準にもよりますが、その態度を実際の臨床でも行うように心掛けています。これまでなんとなく言語化してきましたが、実際にはまだまだ言語化できない部分の方が多いですし、今でもあれもこれもと浮かんでいる状態です。この感覚は実際に体験した人ではないとわからないと思いますが、何か伝わるものや受け取ってもらえるものがあればいいなと思っています。

増井先生の面接を通して——私自身に開かれるとき

前養護教諭
増井直子

増井先生のスーパーバイズを私が受けたのは一回限り、公開で大勢の人を前にしてのことでした。生来あがり性の私がそんなことができるはずもないと、初めは思いました。けれど、こんな機会を逃すなんて後悔するようで悩みに悩み、そのままを増井先生に伝えました。

「そもそも私なんかが公開の場に出るなんて…と思ったり、開き直って出たとしても緊張のあまり自分を見失って言葉が出てこなくなったら、どうしよう…と不安になります」

「そうなったら、その時で、頭が真っ白になってしまったとか、そのまま話せばいいです。私なんかと考えるより、体験してみた方がいい。そこには私がいますから何とかなりますよ」

増井先生からそう言ってもらい、ケース報告というより、今、私の心に在るその子のことを話したいように話せばいいとのことで、ありのままの私で良いのだと思いました。

そして、その時を迎えました。

案の定ドキドキして固くなった私に、増井先生の声がやさしく心地よく届きました。その声は増井先生の心の奥から平穏に響いてくるもので、その声に私の心の波長が少しずつ合っていくようでした。それとともに身体の緊張も取れていきました。私は平常心になりつつ、次第に周りの人達の視線も薄らぎ、Nちゃんとのいろいろな場面が浮かんできました。

五年生の女の子、Nちゃんは、小さい頃両親の離婚で母と妹と別れ、父と二人きり食うや食わずの暮らし。服は汚れがち、身体は小さく痩せていて、保健室では養護教諭である私を母親代わりにして幼い子どものように甘えていました。保健室はステキな空間で、お互いの好む距離感で暮らしができる場でもあります。時にはNちゃんの服を洗い、洗濯を教えました。きれいな方が気持ちいいよねと言いながら、Nちゃんの髪をシャンプーしました。保健室での暮らしが心地よくなると、会話も弾んできました。とは言え、現実の厳しさは、かすかな悲しみや不安となってNちゃんの目の奥に潜んでいるようでした。Nちゃんの心に少しでも温かい日差しが入るように何かできないかと思いました。心を未来に向けて気持ちを膨らませる、その未来のために今を生き、今できること、少しでも楽しめることを見つけてみる、それがいいと私は思いました。

「Nちゃん、あなたの夢は何？」

「お母さんと妹と一緒に暮らすこと」

もし、そうなれたら、どんな感じかな、どんなふうに暮らしたいのかな、イメージを膨らまして事細かく聞いては、こうかな、ああかな、と楽しく話をしました。

Nちゃんは家での出来事を気軽に話すのですが、それが現実か非現実か、分からなくなることがたまにありました。出来事によっては、それが現実ならどうしようかと心配することもありましたが、今一つ現実味がなく、ある時ふと思ったのです。

「ねえ、Nちゃん、もしかして…今まで生きてきて、あなたにとって本当のことと思えることがなかったのかもね…」

私がそう言うと、Nちゃんは真顔でじっと私を見つめ、何も言いませんでした。

時が止まったように私達は見つめ合いました。初めて見るNちゃんの顔。その顔こそ、真実だと何故か思った私は、何とも切なくなって、Nちゃんを強く抱きしめていました。

今思うと、本当のこととして受け入れがたい現実から、Nちゃん自身が心を守っていたのかもしれません。

ほどよい距離からの増井先生の柔らかい声の問いかけは、大切な場面を思い起こし、そのうちに増井先生の存在に包まれ、その声が私の中の、深い心の奥からの声となって、私が私に問いかけるようでした。気持ちと場面が走馬灯のように浮かんでは消え、鮮明に浮き上がってくる大切なものを言葉で表現しようとしました。

静かな対面、心地よい対話。どんな感情や場面が出てこようと、何故だか安心していられる不思議な時間と空間でした。

父親の仕事の関係でNちゃんは転校することになり、その知らせで父親とNちゃんは学校を訪れました。その時のNちゃんは少しお姉さんになったようでした。そして、それがNちゃんに会う最後となりました。Nちゃんはしっかりと父親の手を握り、振り返ってにっこり、今まででー番の笑顔を私に見せてくれたのです。

ああ、そうだった、Nちゃんのあの姿こそ、私に最も残っているもの。そして、これから、その先をずっと、

Nちゃんらしく歩んでいく。Nちゃんらしく精一杯生きてきたこと、ただ生きていることが有り難いと、私が深く感じていたことに気づきました。

私も私自身に頷き、これからの自分の道に光が差したように感じました。

増井先生の道案内で、Nちゃんのことを通して、私自身に気づく旅が安心してできたようでした。言葉にならない気持ちとその情景がどれほど流れていったことか、想像もつかない旅は思考を超えたところにありました。

振り返れば、このような体験ができるきっかけとなったことを、私は思い出します。

目の前の困っている子どもに何ができるのか、その子がどうしてもらいたいのか、を軸に私なりに仕事をしてきたのですが、周りの見方や考えの相違に悩むこともありました。そんな時、友人から増井先生の本を紹介してもらいました。私はあまり本をじっくり読むタイプでなく感覚的にとらえる方で、やさしくて何となく型破りで面白い先生みたい、こんな先生がいたなんて、一度でいいから会ってみたいと思いました。そして、その願いが叶って、一泊二日の研修に参加できることになりました。

研修会での増井先生の話はシンプルでとても分かりやすく、私の中にスーッと入ってきました。『こころの整理学』（星和書店）にあるワークなどもあり、抱えている問題、気になっていることが浮かんでは消え、気がかりと気持ち、私自身の身体感覚が鮮明になっていくようでした。こんなに楽しくどんどん変わっていく自分を体感できて、不思議なくらいでした。そして、その時間、研修の内容は内容で理解し、頷いているのですが、そのこととは別に「あなたはあなたのままでいい」という何かが、増井先生から、ずっと伝わっているようだったのです。心に静かに響いてくる、身体に心地よく入ってくる感じでした。

「私は、私のままでいい。私の本来の感覚を大事に、私の道を歩んでいこう」と、はっきり思えました。この時のこの感覚は、大げさに聞こえるかもしれませんが、本来の私自身が生まれた、私という軸がしっかりできたようでした。いえ、もしかしたら、もともとあった「私」というしっかりした軸、芯に気づいたのかもしれません。そう言えば、私は小さい頃から私の中に神さまがいると感じていたので、深い所でその支柱となるものと重なるかもしれません。

このような流れがあって、私はスーパーバイズを受けるという貴重な体験をさせてもらえたのです。


人の心の奥深く、自然の中で調和的に生きようとする生命体の底辺とも言えるようなところから、増井先生は私を育んでくださって、そのこともあまりに自然で、そのうちに、私自身もその底辺辺りから、深い気づきが得られるのではないかと思うようになりました。

このような心もちで、少しだけでも、私も子ども達に接することできたらいいなと思いました。


増井先生とはご縁が続き、先生の面接のカルテ記入の手伝いをさせてもらっています。患者さんや家族の方はよく
「先生に会いたかった、会えるのを励みにしている」

「今度、何を話そうかと思って暮らしている」

「いろいろ話さなくても、不思議なくらい分かってもらえる」

「先生に会うだけでホッとする」

などと言われます。

時には「あれ？　あんなにきついことがいろいろあったのに、増井先生に明るく話している自分がいる」と言われます。

増井先生の中に、分かりやすく言うなら、大まかに三人の増井先生がいるように、私は感じます。

一人目は普段の素のままの増井先生。幼な友達、親友と気軽に何でも話せる感じです。増井先生は趣味も多く、好きなことを思う存分してきた上、どことなくクスッと笑えるところがあるので会話は楽しくなります。面接だからとかしこまらず、いつもありのままの増井先生を見ていると、おそらく患者さんは、増井先生もこんな感じなら、みんなそのまんまでいいんだと思えてくるのではないでしょうか…。ある患者さんにそう尋ねたら、「いやいや、そんな…」と言いつつ、ニコニコ笑っていました。ありのままというのは雰囲気として、頭より身体の方から染み込んでいくのかもしれません。この「ありのまま」が患者さんとの本当の出会いとなっているようです。

また、誰かが増井語録というように先生の考え、生き方が聞けます。例えば

「問題やしなければならないことは、縦に並べ、一つ一つ鉄砲で打つように片付けていく」

「親は子どもの人生を生きられない」

「たら話は、するな、してもしようがない」

「自分の行動を、人のせいにするな」

因みに、私は「泣くな、闘え」と言われました。衝撃的な言葉でしたが、以後、自らの心の声として何度も聞くことになりました。

二人目は数えきれないほどの臨床体験からの事実を分かりやすく話されたり、その場で生まれるワークをしたり、精神療法家として発想と経験豊かな増井先生です。全神経を研ぎ澄まし、全身を耳にして聴き入る増井先生です。いったいどこから、そんな気づきや見かた、問いかけが出てくるのだろうかと、ハッと驚くことがよくあります。それも患者さんと増井先生の間あたりからポンと生まれる感じです。

三人目は全てを包み込む仏さまのような、ありのままを肯定し静かに微笑み慈しむ、それは人というより、存在、雰囲気、気配、醸し出されるものという感じです。

面接中じっと目を閉じ、いつも一言も話さない患者さんがいます。ご両親が同席され、お父さんが話をよくされるのですが、患者さんの緊迫感が時間とともに少しずつ緩んでいくのが、私にも感じられます。会話の内容とは別に、無色透明で温かく、やんわり、どんなあなたでもいいんですよ、というような陽だまりに包まれるようで、患者さんは何となく心地良さそうです。

随分昔の話です。十数名の養護教諭の研修会に増井先生を講師として来て頂いた時のことです。円卓を囲んでそれぞれの思いを話す中、増井先生は静かに頷いていました。すると、増井先生の横に座って何も発言していない養護の先生が「急にごめんなさい。何故だか、涙が出てきて止まらない…」と言って、涙を拭き始めました。いつも明るく笑顔の彼女が、普段は見せない表情で自分自身を慈しむようにしみじみと涙をこぼしていました。温かいその涙に私達の胸も熱くなり、しばらく言葉にならない時間となりました。増井先生は、ただ深く頷いていていました。そして後から、「こんなことは、たまにありますよ」と言われました。今思うと、三人目の増井先生に、彼女は出会ったのではないでしょうか。

不自然にならない速さで、患者さんや家族の方は変わっていかれます。肩の力が抜けたり、心が伸びやかになったり、まあ、いいかと思えるようになったり、それぞれの生き方を見直し、自分自身を生きるきっかけになったり、笑いが増えたり、その変化はいろいろです。淡々とカルテ記入をしている私まで、つい頷いたり、笑いをこらえることもあります。

そんなこんなで、自然に患者さんと仲良くなります。面接の空間や声が心地よく、子守唄を聞くように眠くなることもあります。面接のあと、患者さんとご近所さんのように話すこともよくあります。これが自然ということかなと感じるこの頃です。

増井先生が「心も自然の一部」と話されたことを思い出します。

面接も、スーパーバイズも、講義・研修も、増井先生にとって同じもので、それに向かう姿勢は一貫して変わらないと強く感じます。その先に、いつも患者さんの存在があるからだと思います。

刊行に寄せて　1

原点へ、自由へ

神田橋條治

若いころ、山田風太郎の小説を耽読していた。史実や事実をあれこれ引用して拵えた、とんでもない「作り話」に酔った。剣聖と称えられる、新陰流開祖、上泉伊勢守信綱のエピソード（無論、作り話）があった。話に登場する伊勢守は、一〇〇歳近くになり、すっかり呆けてしまい、ある日、鼻水・涎を垂らしながら徘徊していた。一人の剣客が、伊勢守を倒して有名になろうと切りかかった。何がどうなったかわからないまま、剣客は自らの太刀を取り上げられ、切り殺されて、上泉伊勢守は、何も気づかぬ様子で、フラフラ歩き去った、というエピソード（風太郎による「作り話」）。増井さんの原稿を読んでいて、伊勢守のエピソードを思い出した。

大洋航海を愛す増井さんは、天性、不自由を嫌悪する資質なのだろう。天性に導かれるままに、心理援助者の人生を選んだものの、「いのち」を不自由から解き放つこと、を本分とする心理援助の世界が、「論」という「不自由」に汚染されていることに耐えられなかった。自由を希求する増井さんの日常は、「行き当たりバッタリ」、言い換えると「その瞬間に、いのちに不自由を課している何か」からの解放、が唯一の方針となった。その境地に到達して、あとは南の島で「天然・自然」と遊ぶことで、人生は充足するはずであった。ところが「そうは問屋が卸さない」。「心理臨床」の世界が「論と技法の花盛り」となり、自己の人生の不自由の被害者が、そこからの救済を求めて、「さらなる、精錬された不自由界」の捉われ人になって行く現状、へ無関心になるほどの「世捨て人」、にはなり切れない増井さんは、何かを発信したくなった。が、困ったことに、増井さんの世界は、もう、文字言語という一種の「論」、と相容れない。できるだけ「語りの映像記録」の形にするしかない。増井さんの自著の部分は、個々のエピソードの映像記憶として、読者自身が再現するしかない。当然、読み手による勝手な歪曲が加わるが、増井さんの世界はそれを、読者の自己実現として、許容し推奨する。ボクが推奨するのは、「不自由部分を察知して、解放し、自分の世界を育てる」が一貫した内容・方針である、という先入観を持って読まれるといいだろうとの助言である。

さらに、伝える工夫として、スーパーバイジーの方々の体験記が加えられている。一読して感知されるであろうが、そこには「増井学派」という匂いが無い、てんでバラバラの増井体験の記述がある。それはまあ当然である。「自己実現」こそが、学び活動の段階で、あって当然だからである。だが、特記すべき、必読の部分がある。

スーパーバイジーの寄稿の最後の著者名は「増井直子」。他のバイジーの報告の中に何回か登場します。増井夫人です。昔から、「小児科医は自分の子どもの診療は控えた方が良い、肉親の情が判断を誤らせるから」と言われたものです。夫婦は親子と異なり、もともと他人だったのに、性愛を伴う人生を共有する関係です。その関係と、スーパーバイザー・スーパーバイジーという役割関係とが、互いに歪なく両立するのが、「増井心理援助」の特質なのです。読者の皆さん、わが身に置き換えて空想すると、様々な「学び」が生じましょう。

本書は、一見読みやすく感じましょうが、「心理臨床」の本質への提言です。そこで、助言があります。片手にマーカーを持って、読み進みながら、こころに引っかかった文言をマークします。一年後に別な色のマーカーを手にして再読されると、自身の成長がチェックできます。僅か一年でも、人の心は変化します。一年間の人生やこころの成長をチェックする作業は、ある人には楽しく、ある人には苦しいでしょうが、有益であることに変わりはありません。

増井さんは、伊勢守と異なり、呆けることなしに、さらに自由になり、後進の灯となられますよう。呆け始めたボクからも、お願いします。

刊行に寄せて　2

読後感

村山正治

増井武士療法の成立過程・理念・特徴

本書は神田橋條治先生を師と仰ぎながら、著者自身の臨床体験から生まれてきたいわば「メイドインジャパン」増井療法の誕生です。そのすべてをわかりやすく書いています。刊行を心からお祝いしたい。心理臨床家だけでなく、教師、看護職、その他すべての対人援助職、企業、子育て、スポーツ、キャリアカウンセリング、コンサルタントにかかわる方などにぜひお勧めしたい。

ここでは私が読んで「増井療法と私なりに対話した」感想を述べてみます。

著者がたどり着いた新境地

五〇年にわたる病院臨床の体験を中心に生きてきたプロセスは、流派で言えば、精神分析、ロジャース理論、イメイジ療法、フォーカシング体験、神田橋條治先生の教育分析とSVなどの体験から独自の「新人間学」と命名したヒューマニスティックな境地にたどり着いたのです。

事実学としての治療面接

冒頭の「事実学」論は心理臨床家が自分の臨床体験と向き合うことからその人自身の新しい臨床知が育まれる根源であり、土壌論です。心理臨床家養成ではともすれば、諸理論の学習だけに追われ、「事実学」を忘れてしまっていることが多い。著者はこのことの重要性を神田橋先生の言葉やロジャースの「経験は私には最高の権威である」という言葉を引用して強調しています。類書にない貴重な指摘です。

精神療法の目的は「副作用が少なくできるだけ早期に良くなる方法」と書いています。

神田橋理論を参考に、心理療法を理論モデルとサービスモデルに分類し、著者はサービスモデルに立つことを強調しています。理論モデルは、セラピー効果を外部基準に置くが、サービスモデルは、来談者自身に任せるとします。この立場は、適応主義から自己実現、さらに当事者モデルを重視する現代の新しい動向にマッチしており、本書が体験的人間学のエッセンスであると私は感じます。

役立つ方法の提案一五項目

著者は「ロジャース理論には方法の具体化が乏しいので具体的方法を書いた」としています。面接方法の章は従来の用語で言えば、アセスメント論、治療技法、プロセス論にあたるところなのに、共感・転移などの専門用語を全く使わず、日常の言葉で書いています。実にわかりやすいです。ヤクザさんの事例は、小説家を負かす迫力と面白さを感じてしまうのは私だけでないと感じます。この事例には、ヤクザさんとセラピストである著者との対等性、日常性、一人称性、相互支援性、ありのまま性など本書で説く増井療法のすべてが体現されて記述されています。本書の圧巻の一つです。ご一読を薦めたい。

本書の事例はすべて著者の体験した自験例であることも著者が優れた臨床家であることを物語っています。

一五項目にわたる懇切な助言も書かれていて、ここだけ読んでも面接に役立つ知恵があふれています。読んでみると得した感じが残り、私に役立つ臨床知が増えた気がします。

この辺りは、サービス精神に富む神田橋先生の影響でしょうか、手際よく書かれていて伝わってきます。一つだけ挙げると「良くなっているところを顕微鏡で見るように拡大して見る」は筆者の体験からも大いに検証でき、納得できる提示です。

科学論のこと

著者の科学論とロジャースの科学論の相違を述べておきたい。ロジャースは、面接場面では「ロジャース自身になりきる」（主観性のきわみ体験）一方、研究面では「研究者になりきる」。録音テープをとり、面接場面のエビデンスを顕微鏡的に詳細に分析し、統計で効果測定などしています。つまり主観性と客観性の両面を一人の人間が生きることを生涯実践しています。

事実学としての治療面接では、場面を生きることを大切にすることを高く評価しているが、最近では、場面を生きるプロセスを測定する、面接過程尺度もできています。

神田橋先生に、その素晴らしい公開SVの映像化を提案したことがありました。本書には著者の面接の記録が公開されているので、著者の特徴を質的研究で明確にできる時代がくるとおもいます。

第5章を読んで

第5章の書名や著者の流派、立場をめぐる論考は興味深い。「自由な発想」の維持を大切にしながら、なぜ「新人間学」にこだわるか著者の論理を述べています。臨床家にも問いかけています。著者は、第1章で従来の治療面接の常識の問題を素描し、その後の章でその解決に挑戦する具体的方法を提案しています。第5章で著者の悩みを率直に書いています。

ロジャースの人間学に具体的方法を持ってきたものを新人間学として提起しています。著者の立場は私からすると「私なりの工夫をする立場」と表現するのがぴったりと感じています。

現今、多様な流派の乱立、多様性を統合する統合療法派などがあり、また一方で、ロジャースやジェンドリンが目指したように流派を超えた共通効果要因探究と、当事者モデルの重要性があげられる。私は著者が「増井法」でこの複雑な状況を改革したいと述べていることに、共感の気持ちが動いています。

現在、著者は日本臨床心理士会理事に当選して状況の改革に意欲的です。今後のご活躍を期待したい。私も片隅から私のできることで応援したいです。

病院臨床体験の工夫から生まれてきた方法であるが、人類史的大変革期に、新しい人間学に根差した改革を進める本書は、臨床関係の専門家だけでなく、教育、医療、福祉・産業で働く方々にぜひ読んでいただきたい。「静かな革命」を進める厳しく、やさしい魅力的な一書です。

ＳＶの体験報告を読んで

ＳＶを受けた方々の体験記が公開されています。本書で提示されている増井療法の独自な特徴をＳＶ形式で実際に受けた実体験が書かれているので、読者には大いに参考になる体験記です。科学論で言えば、著者が依頼したアンケートに応答してくれた方々の感想です。体験を言語化したデータであり、増井ＳＶの実際を知る上で貴重な記録です。特に増井直子夫人の寄稿は、著者増井武士の三つの在り方を記述しています。一人の人間としての著者の在り方が理解できる貴重な寄稿文です。

増井SVの特徴と意義を知ることが出来る貴重な資料でもあります。神田橋條治先生は、公開SVとその記録を公開しているが、著者も本書で同様のことを行っています。

脱線するが、筆者のSVの立場を述べておきますと、筆者は、ゼミ生のみでなく、個人・グループのSVはやったことも、受けたこともない。その分、エンカウンターグループに参加して自己と対話したりして、自己プロセスを歩いてきました。院生達がSVを受けたくなった時、紹介を依頼された時以外は、院生が誰にSVを受けているのか知りませんし、報告を義務にしていません。

これまで、神田橋條治先生、増井武士さん、野島一彦さん、妻の尚子はじめ多数の臨床心理士に私のゼミ生のSVのご支援をいただいています。

今回のSV体験報告者には、村山ゼミの出身者が多数混じっています。著者の臨床指導にあらためてお礼を申し上げます。

おわりに

本書を終わるに当たり、まず、スーパーバイジーの方々にお礼を申しあげます。四百字原稿に最低一〇枚ぐらいスーパーバイズで感じたことなどを、自由に書きたいように書いてくださいとお願いしたところ、全ての方々が協力してくださいました。また、別のバイジーの方々に話が回らなかったことをお詫び申しあげます。お陰さまで、日本では稀な書物が出来ました。

また、それを提案してくださいました神田橋條治先生、陰でいつも支えてくださっている村山正治先生にお礼を申しあげます。

また、創元社の吉岡昌俊さまには文章の校正など随分お世話になりました。心より感謝を申し上げます。

そして、この書物により、少しでも自由を獲得される患者さんが一人でも多くなることが本書の念願であり、そのために、偏見なく、心理臨床の事実にまっすぐ目を向ける心理臨床家の方が一人でも増えてくださればと念願しています。それ故毎月、第二日曜日の午後八時よりズームによるスーパーバイズを公開しています。細かくは私のブログを見て下さい。

最後に煩わしいパソコンの作業を一手に引き受け、嫌な顔一つ見せずに協力してくれた妻の直子に感謝しつつ本書を閉じたいと思います。

原稿を書き上げる前日、ある書物を開き、聖書の言葉に目が止まりました。

私の述べてきた今までの方法のネガフィルムは、全て私の中に有った、と思いつき、我ながら驚きました。

また次の聖書の言葉も深く心に入ってきました。

神は汝らが欲せるように
汝らに接したまう

聖書

二〇二三年
まだ、夏の残れ火を感ずる時
愛犬　豆柴　テツと共に

増井武士

編著者紹介

増井武士（ますい・たけし）

一九四五年生まれ。九州大学教育学部大学院博士課程修了後、九州大学教育学部助手。その後産業医科大学医学部医学心理学教室准教授（教育学博士）、同大学病院精神・神経科および産業医実務研修センターを併任。その後亡き河合隼雄先生を学会長とした日本心理臨床学会常任理事、同学会倫理委員長などを経て同学会編集委員などを務める。産業医科大学定年後、九州産業大学国際文化学部教授を経て、現在、東亜大学大学院客員教授。日本臨床心理士会理事。主著に『治療的面接への探求1～4』（人文書院）、『迷う心の「整理学」』（講談社現代新書）、『不登校児から見た世界』（有斐閣）、『来談者のための治療的面接とは』（遠見書房）『治療的面接の工夫と手順』（共著、創元社）『どこへ行こうか、心理療法　神田橋條治対談集』（共著、創元社）ほか多数。

執筆者紹介

大石英史（おおいし　えいじ）
宇部フロンティア大学心理学部教授

松下智子（まつした　ともこ）
九州大学キャンパスライフ・健康支援センター准教授

村久保雅孝（むらくぼ　まさたか）
佐賀大学医学部准教授

小林純子（こばやし　じゅんこ）
九州産業大学人間科学部講師

姜　潤華（かん　ゆな）
東亜大学大学院臨床心理学専攻講師／スクールカウンセラー

畑中美穂（はたなか　みほ）
心といのちの性教育研究所主宰／北九州市スクールカウンセラー

浅野みどり（あさの　みどり）
東亜大学健康相談センター学生相談室カウンセラー／北九州市立大学ひびきのキャンパス学生相談室カウンセラー／電話相談相談員

中村紘子（なかむら　ひろこ）
かねはら小児科／藤井メンタルクリニック 臨床心理士

古谷　浩（ふるや　ひろし）
東亜大学大学院総合学術研究科臨床心理学専攻研究生／スクールカウンセラー／高齢者福祉領域心理職

増井直子（ますい　なおこ）
前養護教諭

神田橋條治（かんだばし　じょうじ）
伊敷病院精神科医

村山正治（むらやま　しょうじ）
九州大学名誉教授／東亜大学名誉教授

私《わたし》の治療的面接《ちりょうてきめんせつ》の世界《せかい》とスーパーバイズ

新人間学《しんにんげんがく》として

2024年9月10日　第1版第1刷発行

〈編著者〉 増井武士

〈発行者〉 矢部敬一

〈発行所〉 株式会社 創元社

本　社　〒541-0047　大阪市中央区淡路町4-3-6

電　話　06-6231-9010(代)

ＦＡＸ　06-6233-3111(代)

東京支店　〒101-0051　東京都千代田区神田神保町1-2 田辺ビル

電　話　03-6811-0662(代)

https://www.sogensha.co.jp/

〈印刷所〉 株式会社 太洋社

装幀・本文組　野田和浩

ISBN978-4-422-11831-4　C3011

〈検印廃止〉

落丁・乱丁のときはお取り替えいたします。